Wolfgang Görl

Der Prinzregent, die Schöne und das Bier

Münchner Umtriebe

Wolfgang Görl

Der Prinzregent, die Schöne und das Bier
Münchner Umtriebe

Picus Lesereisen

Picus Verlag Wien

Grafische Gestaltung: Dorothea Löcker, Wien
Umschlagabbildung: Buenos Dias
Druck und Verarbeitung:
Druckerei Remaprint, Wien
ISBN 3-85452-907-4

Informationen über das aktuelle Programm
des Picus Verlags und Veranstaltungen unter
www.picus.at

Inhalt

Der Himmel der Trinker und Denker

Der Welt berühmtestes Wirtshaus steht immer noch in München und macht derzeit von sich reden, weil es einen neuen Wirt bekommt

Die Metzger haben ganze Arbeit geleistet. Sechs tote Ferkel hängen kopfunter am Haken, und Gerda Sperger bemüht sich um würdige Worte des Abschieds. »Die Armen«, seufzt sie mit weinerlichem Tremolo, so dass die Ironie unüberhörbar ist. Nicht fern die Stunde, in der die armen Schweine im computergestützten Hochleistungsofen schmoren, bis sie knusprig genug sind, um vor einheimischen Gästen, aber auch vor Russen, Italienern und Chinesen bestehen zu können. Während also Frau Sperger durch die Katakomben des Hofbräuhauses führt, vorbei an stahlglänzenden Biertanks, Kartoffel- und Weißkrautdepots, trudeln eine Treppe höher, im Brauerstüberl, einem Nebenraum der Schwemme, nach und nach ein paar ältere Männer ein, deren Gesichtern anzusehen ist, dass sie einiges durchgemacht haben im Leben. Später werden sie vom Krieg reden, von den Hungerlöhnen in den Fünfzigern, von Krankheiten und Gebrechen und von der Resi, die so lange in der Klinik war; aber sie werden gelassen bleiben, kein Jammern, kein Lamento, das Bier wird schmecken und die Weißwürscht – das ist ihr Tag, der Höhepunkt der Woche, und überhaupt, was soll's: Das Schlimmste hat man ja hinter sich. »Uns geht's eigentlich gut«, sagt der

Ludwig, der wie fast alle am Tisch darauf besteht, nur einen Vornamen zu haben.

Zehn Uhr morgens im Hofbräuhaus, eigentlich noch zu früh für ein Bier. Gerda Sperger sitzt, in der Zeitung blätternd, vor einer Tasse Kaffee, und würde sie zur Seite blicken, hin zur Durchreiche, könnte sie beobachten, wie die Köche schnipseln, schneiden und die Öfen füllen. Sie ist die Chefin hier, sie hat das Kommando. Das Haus, über das sie verfügt, kennt man in Rio ebenso wie in Moskau, Tokio oder Shanghai. Es heißt, es sei das berühmteste Wirtshaus der Welt, Inbegriff Münchner Daseins, Weihestätte des Bieres und der dazugehörigen Gemütlichkeit, besungen in diversen heimatlichen Hymnen und von so globaler Bedeutung, dass soeben eine originalgetreue Kopie an der Paradise Road in Las Vegas entstanden ist. Wer einer solchen Institution vorsteht, der müsste, so meint man, einherschreiten wie der König der Biere, irgendwie majestätisch, zumal im Wort »Hofbräuhaus« das monarchische Prinzip Respekt gebietend mitschwingt. Andererseits wäre allzu viel an Pomp & Circumstances dem Ruf einer Wirtschaft abträglich, auf deren Speisekarte bodenständige Gerichte wie Schweinshaxn mit Reiberknödel zu 9,90 Euro stehen oder die hausgemachte HB-Bratwurst mit Kraut und Kartoffelpüree, die in der klein gedruckten Übersetzung unter sausage »Hofbräuhaus style« with sauerkraut and mashed potatoes firmiert.

Was nun Gerda Sperger betrifft, so ist sie eindeutig eine Wirtin, die ihren Gästen auf Augenhöhe begegnet, das heißt, sie setzt sich gern einmal zu ihnen und wird mit jener Art von Hallo begrüßt, die man guten Bekannten bei solcher Gelegenheit zukommen lässt. Gehüllt in Trachtenjanker und grünen Rock, hat sie nach der Kaffeepause am Stammtisch der Gärtner Platz genommen, jener grauhaariger Herren, die jeden Dienstagmorgen zu Bier und Plauderei das Hofbräuhaus besuchen. Ob's wahr sei, wollen die Männer wissen, dass sie demnächst aufhöre. »Ja, am 1. November ist Schluss.« Allgemeines Bedauern, lange Gesichter. Wer schon ein Bier vor sich hat, nimmt einen tiefen Schluck. »Schad«, sagt einer, und ein zweiter stellt die Gretchenfrage: »Und wer kommt dann?« »Mei«, sagt sie. »Des hängt von der Brauerei ab.«

Die HB-Brauerei. Ein Staatsbetrieb. Gegründet 1589 von Herzog Wilhelm V. zur kostengünstigen Versorgung der sechshundert Hofleute mit Bier. Heute ein Regieunternehmen des bayerischen Finanzministeriums. Vielleicht deshalb die skeptischen Blicke am Stammtisch. So als wollten sie sagen: Das kann ja heiter werden. Andererseits hat die Gärtnerrunde schon einige Wirtswechsel mitgemacht, und immer ist es irgendwie weitergegangen. Aber diesmal ist es besonders dramatisch: Wenn Gerda Sperger im Herbst ihren Posten räumt, wird sie vierundzwanzig Jahre im Amt gewesen sein – so lang wie kein Wirt seit 1897, dem Jahr, in dem das Haus am Platzl, so wie es heute dasteht, eingeweiht wurde. 1980 hatte sie angefangen. Sie und ihr Mann Michael. Die beiden traten die Nachfolge von Hans Glanegger an. Ein paar Monate hatten sie Zeit gehabt, die Sache vorzubereiten, dann »kriegst du über Nacht eine Tonne Schlüssel, und es geht los«.

Da war sie auf einmal Wirtin im Hofbräuhaus, Gerda Sperger aus Deuerling bei Regensburg,

Tochter eines Beamten, Arzthelferin. Nach der Hochzeit ist sie mit ihrem Mann nach München gezogen, wo sie bald die Gaststätte »Gartenstadt« in Harlaching übernommen haben. Michael Sperger entstammte einer Wirtsfamilie, er hatte Metzger gelernt und kannte sich aus in der Gastronomiebranche. Die nächste Station war der »Ayinger Hof« in Neuperlach. Wieder Arbeit von früh bis spät, kein Ruhetag, dazu vier Kinder. Einmal sind sie in den Urlaub gefahren, nach Cervo, Italien. »Vierzehn Tage waren ausgmacht, nach zehn Tagen hat der Michel gsagt, jetzt fahr ma hoam.«

So einer war Michael Sperger. Hatte es nicht aushalten können ohne den Betrieb. Als er den Zuschlag fürs Hofbräuhaus erhielt, bezog die Familie für einige Jahre die Wirtswohnung unterm Dach. Kein sehr bequemes Quartier, es war hellhörig, und nachts drang jeder Laut ans Ohr, wenn unten die Putzkommandos rumorten. Gerda Sperger wirkte im Hintergrund, während ihr Mann die gesellschaftlichen Verpflichtungen erledigte. Prominente Gäste begrüßen zum Beispiel: Gorbatschow war hier, Leonard Bernstein oder der Gouverneur von Arkansas, ein gewisser Bill Clinton. Dann der Schicksalsschlag vor vier Jahren. Michael Sperger starb an Krebs.

Es gibt allerlei Legenden, die sich um das Hofbräuhaus ranken, wobei die Ludwig Thoma zu verdankende Geschichte vom Engel Aloisius, der als Überbringer der göttlichen Ratschläge im Hofbräuhaus versumpft, gewiss die populärste ist. Während eine literarische Verbeugung wie diese dem Wirt nur recht sein kann, ist eine andere HB-Mär Quell steten Ärgers: Irgendwie gilt es als ausgemacht, dass lediglich Touristen das Hofbräuhaus besuchen und Einheimische sich höchstens dann in die Trinkstätte am Platzl verirren, wenn sie einem Gast die Attraktionen der Stadt vorführen. Aber woher kommen die zweitausend Stammgäste? Man braucht nur die Adressen zu studieren: Die meisten wohnen in München. Und was ist mit den gut hundert Stammtischen? Oft gibt schon der Name die Antwort: »Alte Münchner«, »Rentnertreff Residenztheater«, »Wanderverein Schwabing«, »Polizeirevier 11«.

Unter dem bunten Gewölbe der Schwemme sitzen Männer (vereinzelt auch Frauen), die schon als Lehrlinge hier waren und es als Rentner nicht lassen können. Einer irrt an diesem Morgen mit feuchten Augen durch den Saal, setzt sich mal dahin, mal dorthin, um all den Zechern den Tod eines Spezls zu vermelden. Noch keine siebzig war er, erzählt die Hausdame Stilla Weiß, die seit zweiundvierzig Jahren im Haus arbeitet. »Er hat hier geheiratet, war zwei-, dreimal die Woche an seinem Stammplatz, und jetzt findet auch sein Leichenschmaus hier statt.«

Der Sepp, achtzig Jahre ist er alt, lebt im Altenheim in Moosach, und jeden Dienstagmorgen macht er sich auf zum Stammtisch der Gärtner. Wie fast alle in der Runde hat er einst in der städtischen Gärtnerei gearbeitet, das war ein einigermaßen sicherer Job, nur leider waren die Löhne karg. Aber für ein, zwei Halbe im Hofbräuhaus reicht's allemal, und außerdem trifft man hier die ehemaligen Kollegen. Man erfährt was Neues, redet über alte Zeiten, politisiert ein wenig, und überhaupt: »Oiwei kannst ned dahoam sei, sonst geht ma da Frau auf d'Nerven.«

Nur heute ist alles etwas anders am Tisch. Ein

Fremder sitzt da. Der Reporter. So etwas irritiert. Stammtische sind komplexe Gebilde, quasi außerstaatliche Territorien, auf denen eigene Gesetze herrschen. Undenkbar beispielsweise, dort einfach Platz zu nehmen. Das Recht, an einem Stammtisch zu sitzen, muss erworben werden, was in ungünstigen Fällen Jahre dauert. Bei den Gärtnern ist das nicht anders, weshalb dem Reporter erst mal Skepsis entgegenschlägt. »Ihr schreibt's ja doch nur an Schmarrn«, sagt einer, und es dauert etwas, bis die Herren sich mit der Störung ihres gewohnten Unter-sich-Seins abgefunden haben und ihre Schätze preisgeben.

Die auffälligste Preziose ist die Stammtischstandarte, eine hölzerne Skulptur, die der Franz angefertigt hat, der früher in der Stadtgärtnerei als Schreiner tätig war. Sie besteht aus allerlei Miniaturwerkzeugen, die die Handwerke symbolisieren, aber der Clou ist der kleine Hobel am Rande. In seinem Inneren lagert Schnupftabak. Ob man einen möchte, fragt Franz – ein Angebot, das man nicht ablehnen sollte. Danach gewinnt die Unterhaltung an Fahrt, die Männer können endlich über die Dinge sprechen, »die man dahoam mit die Weiber ned beredn ko«. Politik etwa. »Die Gesundheitsreform is unausgegoren«, sagt einer, und auch die Rentenfrage bleibt nicht ausgespart. »Jetzt, wo ma a bissl was kriegt hätten, ziehen sie's uns ab.«

Später erzählt der Sepp, wie es früher war im Hofbräuhaus. Fünfziger Jahre, der Wirt hieß Franz Trimborn. »Da is viel grauft worden.« Einmal saß in der Schwemme ein Amerikaner, der, vom Bier überwältigt, eingeschlafen war. »Drei Ordner haben den packt, der eine links, der andre rechts, und der dritte hat ihn mit einem Arschtritt nausschmissn.« Damals pflegte man noch ein rustikales Verständnis von Gastfreundschaft.

Vorbei die Zeiten. Wer heute die Schwemme aufsucht, womöglich in der Hoffnung, eine Fortsetzung des Oktoberfests mit Hölle-Hölle-Hölle-Gedröhne und nackten Australierhintern zu erleben, wird enttäuscht sein. Er wird eine Atmosphäre behäbiger Bierseligkeit vorfinden, die Blasmusik intoniert bayerisches Liedgut, niemand tanzt auf dem Tisch, da und dort lässt sich's eine Stammtischrunde gut gehen, freundliche Japaner, lost in translation, bestaunen die Exotik des Ortes. Kleine Kunstwerke sind die Tische in der Schwemme, Gästebücher in Holz: Michael und Elaine aus Tennessee waren hier, Carla aus Brasilien, Julia, für die jemand ein Herz in die Platte geschnitzt hat, und tausend andere. Die Amerikaner haben sich rar gemacht seit dem 11. September, klagt die Wirtin. Dafür beehren scharenweise Chinesen und Russen ihr Haus. Ihnen und anderen Touristen ist der »Bayerische Abend« gewidmet, eine Dirndl- und Lederhosenshow im Jodlerstil, die unter dem gewaltigen Tonnengewölbe des Festsaals – sein ursprünglicher, nahezu königlicher Prunk ist im Krieg zerstört worden – über die Bühne geht.

Elf Uhr, Zeit für die Gärtner, die Taschenmesser auszupacken und Butter auf die mitgebrachten Brezn zu streichen. Wenn es für das rätselhafte Wort »Gemütlichkeit« ein Bild gibt, dann ist es dieses: Zehn alte Männer am Biertisch, man knabbert Salzgebäck, trinkt gelegentlich einen Schluck und redet nicht viel. Es ist fast ein erhabener Moment, den zu stören ein Sakrileg wäre. Für Alois Hingerl, den Dienstmann Nr. 172, war es der

Himmel, im Hofbräuhaus zu sitzen und eine Maß nach der anderen zu trinken. Doch es gibt eine Steigerung, einen paradiesischen Zustand, von dem Ludwig Thoma noch nichts wissen konnte: im Hofbräuhaus sitzen und über ein Fach im Maßkrug-Safe verfügen. Nur vierhundertvierundzwanzig wahrhaft Privilegierte sind in der glücklichen Lage, ihren Krug nach dem Umtrunk in das Depot aus Gitterstäben zu legen und per Schloss zu sichern. Wer einmal so ein Fach ergattert hat, behält es bis zum bitteren Ende. Am Gärtner-Stammtisch herrscht diesbezüglich Resignation: »Des woaß ma ned, ob ma so oid werd, dass ma oans kriegt.«

Ein Knopfdruck, und die Ritter kämpfen

Ein Blick hinter die Kulissen des Glockenspiels auf dem Rathausturm

Schlimm, wenn jetzt der Lift stecken bliebe und Uwe Eberhard säße fest. Münchens guter Ruf würde Schaden nehmen. Doch, dem Himmel sei Dank, alles geht glatt. Eberhard kommt oben an und hätte jetzt die große Chance für einen spektakulären Auftritt. Er könnte sich am Ross des lothringischen Ritters vorbeischlängeln und vom Spielerker des Rathausturms herabwinken zu den Menschen tief unten auf dem Marienplatz. Alle Augen wären auf ihn gerichtet. Es ist kurz vor elf Uhr. Glockenspielzeit. Die Leute wollen was sehen. Wenn auch nicht gerade den Heizungsbauer Eberhard von der Rathaus-Einsatzbereitschaft.

Uwe Eberhard weiß, was seine Pflicht ist. Im Moment besteht sie darin, das Display der Funkuhr zu beobachten. 10:59 Uhr und 23 Sekunden – allmählich wird es ernst. Früher hatte sich die Einsatzbereitschaft an der Turmuhr des Alten Peter orientiert, die von hier aus gut zu sehen ist. Heute geht es ganz genau. Auf die Sekunde. Siebenundfünfzig, achtundfünfzig, neunundfünfzig … elf Uhr. Eberhard drückt auf einen der acht Knöpfe, die neben einem zimmerhohen Sicherungskasten installiert sind. Auf dem Erker treten die mechanischen Glockenschläger aus Kupfer in Aktion. Zunächst der rechte, der mit vier Hammerschlägen die volle Stunde anzeigt; dann haut der linke zu – elf Uhr, elf Schläge.

Darauf haben alle gewartet, die unten vor dem Rathaus stehen: Italiener auf Bildungsreise, Japaner auf Fotoexkursion, Amerikaner auf Europatour und Münchner, die beim Shopping eingekeilt wurden und schicksalsergeben hinaufschauen, weil auch Einheimische das Glockenspiel einmal im Leben gesehen haben sollten. Schließlich ist man ja stolz, dass alle Welt das Münchner Rathaus sehen will mit seiner gotischen Fassade und dem doppelgeschossigen Renaissance-Erker, der den Turm ziert – sicherlich steinalt. Von wegen! 1867 hatten die Arbeiten nach den Plänen Georg Hauberrissers begonnen, und nach drei Bauphasen war das Gebäude 1909 fertig – vor nicht mal hundert Jahren.

Der elfte Schlag hallt über die Stadt, und das wär's dann gewesen, würde Eberhard nicht wieder einen Knopf drücken. Jede Phase des Spiels müssen die Männer der Einsatzbereitschaft separat starten; notfalls könnten sie den Mechanismus auch mit den Messinghebeln im alten Schaltschrank in Gang setzen. Die Apparatur voller Sicherungen, Zeiger und Walzen funktioniert noch immer. Polierte Emailschilder etikettieren das Instrumentarium: »Turnirmotor«, »Tagwalze«, »Nachtwalze«, »Schäfflermotor« und darunter die Hebel mit den Optionen »langsam«, »schnell«. Welch ein Vergnügen würde es sein, das »Turnir« (so schrieb man damals) auf »schnell« zu drehen, auf dass alle, Rittersmann sowie Knapp', wie im Wiesnkarussell herumwirbelten. Leider, mit den städtischen Bediensteten ist das nicht zu machen. Die sind seriös und betätigen den modernen

Knopfschalter. Das Spiel nimmt seinen Lauf, und der ist behäbig.

Von der Melodie, die auf den Knopfdruck folgt, lässt sich das auch sagen. Es ist das Lied »In einem kühlen Grunde«, das Friedrich Glück 1814 komponiert hat. Auf den Text von Joseph von Eichendorff muss das Publikum natürlich verzichten, und was das Musikalische betrifft, ist die Darbietung nicht unbedingt eine Offenbarung. Wenigstens ist das aus den Debatten zu schließen, die seit dem ersten öffentlichen Probespiel der Glocken am 20. September 1908 nicht verstummt sind. Corbinian J. Lachner hat in seinem Buch »Münchner Glockenspiel« das Hauen und Stechen, das Hämmern, Klopfen und Meckern um den Wohlklang ausführlich dokumentiert. Die Glockengießerei »Gebrüder Oberascher« hatte den Auftrag erhalten und war fortan Besuchsziel etlicher Sachverständigenkommissionen, die dauernd was zu bekritteln hatten. So kamen noch vor der Premiere zwei Experten zu dem Urteil: »Außer zwei völlig unbrauchbaren Glocken hat die Untersuchung eine größere Anzahl solcher Glocken ergeben, die für sich allein einen reinen Ton geben, aber in der Stimmung zu den anderen nicht passen.« Die Gießer haben immer und immer wieder am Klang herumgebosselt, zur ganz großen Harmonie hat es nicht gereicht. 1991 urteilte ein niederländischer Fachmann: »Selten habe ich ein so falsches Glockenspiel gehört.«

Wenn Peter Suermann so etwas vernimmt, schwingt er sich umgehend zum Schutzpatron »seines« Glockenspiels auf: »Naja, es kommt schon mal Post, dass es nicht gut geklungen hat. Aber viel öfter gibt es spontanen Applaus nach der Vorstellung.« Suermann ist der Leiter der Hausverwaltung des Rathauses und gewissermaßen oberster Glockenspieler. Er kennt die Melodien in- und auswendig, angefangen vom Walzer »Herzload«, der zusammen mit drei anderen Stücken im Januar, Juni und November erklingt, bis zum Weihnachtslied »O Tannenbaum«, das nur im Dezember gespielt wird. Insgesamt besteht das Repertoire aus sechs Musikwalzen mit je vier Kompositionen. Und Suermann weiß, dass sie nicht jeden Tag gleich klingen.

Um das zu verstehen, steigt man am besten über eine enge Wendeltreppe in die Glockenkammer unterhalb der Spitze des fünfundachtzig Meter hohen Rathausturms. Dreiundvierzig Glocken hängen da über- und nebeneinander. Die kleinste wiegt zehn Kilo und hat einen Durchmesser von achtzehn Zentimetern, die größte misst hundertfünfundzwanzig Zentimeter und hat ein Gewicht von dreizehnhundert Kilogramm. Der Wind pfeift durch das Filigranmauerwerk der Glockenkammer. Sollte es jetzt schneien und der feuchte Schnee über Nacht gefrieren, ist das Spiel gefährdet. Fast jeden Winter kommt es vor, dass die Drahtzüge, welche Melodiewalzen, Spieltisch und Klöppel über neun Meter verbinden, im Eis feststecken. Wenn es dumm läuft, reißen die Drähte, sobald man den Motor anwirft. An solchen Tagen läuft das Glockenspiel per Lautsprecher vom Band. Hitze, Kälte, Nässe, Staub – allem ist der Glockenstuhl ausgesetzt. Jedes Musikinstrument reagiert verstimmt auf solche Einflüsse; das Glockenspiel macht da keine Ausnahme.

Zurück zu Uwe Eberhard. Er hat die Ritter samt Hofnarren, Herolden, Hofmarschällen und

Fußvolk in Marsch gesetzt. Die feindlichen Parteien umkreisen ein fürstliches Paar: den späteren bayerischen Herzog Wilhelm V. und Renata, die Tochter des Herzogs Franz I. von Lothringen. Die beiden haben am 23. Februar 1568 in München geheiratet und dabei eine Pracht entfaltet, wie sie die Stadt selten gesehen hat. Das obligatorische Ritterturnier war, wenn dem Rathaus-Spiel zu trauen ist, eine klare Sache: Stets siegt der bayerische Edelmann, und stets kippt der lothringische Recke von der Lanze getroffen nach hinten. Was nach der Schlappe des Lothringers zu tun bleibt, erledigt Suermanns Trupp im Verborgenen: Der geschlagene Ritter wird per Hand wieder aufgerichtet. Sollte der Bereitschaftsdienst dies einmal vergessen, reitet der Held schief wie der Turm von Pisa ins Feld.

Der Knopf namens »Schäfflertanz« bringt zuerst den Hanswurst in Schwung. Sogleich schwingt er die Pritsche, und der Reigen der acht Figuren beginnt sich zu drehen. Der Tanz ist eine Reminiszenz an das Pestjahr 1517, als sich kein Münchner mehr aus dem Haus wagte. Die Schäffler waren der Sage nach die ersten, die mit Tänzen und Musik neues Leben in die Stadt brachten.

Während sich die Figuren im Kreise drehen, ächzt der alte Gleichstrommotor, der das Spiel antreibt. Die elektromechanischen Einrichtungen waren zur Entstehungszeit technische Wunderwerke, die täglich gepflegt und alle vier Wochen gründlich gewartet werden müssen. Wehe, es geht etwas kaputt: Wenn Suermanns Blick auf den Sicherungssockel aus Porzellan fällt, der zerbrochen in seinem Büro liegt, durchzuckt ihn ein Schauer: Nirgendwo ist so ein Ding zu haben; die Suche hat inzwischen den türkischen und slowenischen Markt erreicht.

Ein letzter Knopfdruck, und der Hahn kräht. Er sitzt, golden glänzend, auf der Giebelspitze des Spiel-Erkers. Kaum ist das Glockenspiel verstummt, meldet sich der Gockel mit einem dreifachen Kikeriki. Echte Hühner würden auf das Gekrähe kaum hereinfallen, es sei denn, sie wären schwerhörig. Es klingt nicht sehr natürlich. Es klingt nach Blasebalg. Und es ist auch ein Blasebalg, der Luft durch die mechanische Krähvorrichtung stößt.

Es ist elf Uhr zwölf. Der Hahn hat zum letzten Mal gekräht. Eberhard geht anderen Pflichten nach, wobei er die Uhr im Auge behält: Punkt zwölf beginnt die zweite Vorstellung. Im Sommer hebt das »Bimmelbammel« (*Münchner Post* im Februar 1909) auch um siebzehn Uhr an.

Wer gegen neun Uhr abends den Marienplatz erreicht, wird Zeuge eines überraschenden, wenn nicht unheimlichen Geschehens. Plötzlich wird es Licht in den zierlichen Säulenrotunden links und rechts des Glockenspiel-Erkers. Posaunenklang erschallt, getreu dem Nachtwächterruf aus Wagners »Meistersingern«. Im linken Säulenerker rührt sich was: Ein Nachtwächter tritt auf mit Spieß, Horn, Lampe und Hund und dreht eine Runde. Kaum ist er verschwunden, stimmt das Glockenspiel Brahms' »Wiegenlied« an. Jetzt rührt sich was im rechten Türmchen. Das »Münchner Kindl« erscheint. Hinter ihm ein Schutzengel, der es ins Bett geleitet. Licht aus. Es ist alles gut gegangen an diesem Tag.

Die Herren des Rausches

Das Münchner Oktoberfest und seine Wiesnwirte: Glanz und Elend einer traditionsreichen Zunft

Heute Morgen, wenn andere ihre Frühstückssemmel buttern, wird Peter Schottenhamel einem Feldherrn gleich vor zwei Hundertschaften Frauen und Männer treten und sie auf das Kommende einschwören, als ginge es in die Schlacht. Läuft es wie gewohnt, werden nicht alle Worte zu verstehen sein, denn im Hintergrund testet die Blaskapelle Otto Schwarzfischer, ob das Festzelt auch in diesem Jahr den akustischen Herausforderungen gewachsen ist. Wahrscheinlich hat Schottenhamel wieder schlecht geschlafen, das ist immer so zur Oktoberfestzeit. Aber ohne ein Geleitwort des Chefs sollen die gut zweihundert Bedienungen nun doch nicht in den Bierkampf ziehen.

Morgen, am Samstag, blickt die halbe Welt per Fernseher in Schottenhamels Festhalle. Dann ist er der wichtigste Mann von ganz München, das heißt: Wichtiger ist vielleicht noch der Oberbürgermeister Christian Ude (SPD), der seinen Anzapfrekord von zweieinhalb Schlägen zu brechen versucht, und selbstredend der Ministerpräsident, der zumindest diesmal noch Stoiber heißt und im Schottenhamel-Zelt leicht eine Zweidrittelmehrheit hätte. Wenn es endlich losgeht, Punkt zwölf Uhr, wenn Böllerschüsse durch die Stadt hallen und Schwarzfischer den bayerischen Defiliermarsch exekutiert, dann, sagt Schottenhamel, »fällt mir ein Riesenstein herunter«. Dann sind achtzig Prozent der Arbeit getan, und möglicherweise ist dann auch vergessen, dass es im Frühjahr hieß, er und seine Wirtskollegen seien Raubritter.

Peter Schottenhamel, 61, ist Wiesnwirt. Als solcher gehört er in München zur gastronomischen Hocharistokratie, die ihren Ruhm weniger der Kochkunst à la française verdankt als dem Talent, sechs- bis siebentausend zusammengepferchten Gästen, eingenebelt in Bier- und Tabaksdunst sowie mit dröhnender Frohsinnsmusik beschallt, den Eindruck zu vermitteln, sie seien auf dem Gipfel der Gemütlichkeit. Wem das gelingt, der darf sich mit Fug Wiesnbaron nennen.

Unter diesem Ehrentitel posieren im Katalog zum hundertfünfundsiebzigjährigen Bestehen des Oktoberfests von 1985 die Helden der frühen Jahre. Der Steyrer Hans zum Beispiel, ein Mannsbild von solcher Kraft, dass er angeblich einen 528 Pfund schweren Stein mit dem Mittelfinger lupfen konnte; als »bayerischer Herkules« trat er sogar in Paris auf. Er pachtete 1879 eine Bierbude auf dem Oktoberfest und gilt als Urbild des Wiesnwirts: bodenständig, geschäftstüchtig, leutselig, ein wenig g'spinnert, aber gutmütig, dabei physiognomisch deutlich in die Breite tendierend. Sein mächtiger Schnauzer, der ihm wie eine Bockwurst unter der Nase hing, ist leitmotivisch noch heute auf der Festwiese vertreten, und zwar im aufgezwirbelten Schnauzbart des Löwenbräu-Wirtes Ludwig Hagn.

Dagegen ist Peter Schottenhamel direkt unauffällig. Selbst die übliche Berufskleidung – Jodleranzug im Karl-Moik-Stil – fällt bei ihm so dezent aus, dass man den Festwirt in der Käfer-Wiesnschänke, wo die Münchner Bussi-Society ihre Designer-Lederhosen und -Dirndl aufträgt, glatt für einen armen Schlucker halten könnte. Ist er natürlich nicht, im Gegenteil: Schottenhamel kann es sich leisten, für sechzehn Tage Oktoberfest ein Zelt hinzustellen, dessen zweimonatiger Aufbau allein mehr als eine Million Euro kostet.

Vor drei Jahren hat er ein neues angeschafft, aber das sieht genauso aus wie das alte, in dem er als Kind auf den Fässern herumgesprungen ist und wo er später, mit achtzehn Jahren, an der Schänke gearbeitet hat. Schöne Zeiten waren das. Auf der Wiesn ging es noch familiär zu, es gab weder TV-Liveübertragungen noch Webcams, und die Musik spielte unverstärkt. Einmal, das war 1950, hat Schottenhamels Großvater den damaligen Oberbürgermeister Thomas Wimmer (SPD) beim Einzug der Festwirte in der Kutsche mitgenommen. Wimmer wollte dann auch das erste Fass anzapfen, was man einem so hohen Herrn schlecht verwehren kann. Neunzehn Schläge hat er gebraucht. Inzwischen hat der Anstich den Rang eines Staatsakts, und ein OB, der heute neunzehn Schläge benötigte, müsste wahrscheinlich den Rücktritt einreichen.

Die Schottenhamels sind schon ewig auf dem Oktoberfest. Genau genommen seit 1867, als der Urahn Michael die Dynastie mit einer Bierbude für fünfzig Personen begründete. Wenig später führte er das Märzenbier ein, das den Rausch wirksamer beförderte als herkömmliche Sommerbiere und deshalb prächtig einschlug. In jüngerer Zeit ist die Erbfolge etwas unübersichtlich geworden, weshalb Peter Schottenhamel seit vierzehn Jahren gemeinsam mit seinem Vetter Christian über das Festzelt herrscht, in das sechstausend Menschen passen; draußen im Biergarten haben nochmals fast viertausend Platz.

Der vierzigjährige Christian Schottenhamel, der Betriebswirtschaft studiert hat und die jungdynamische Seite des Duos bildet, ist wie sein Cousin Mitte August samt Büro auf die Theresienwiese gezogen. Allerlei Papierkram ist zu erledigen, Reservierungen, Rechnungen, Arbeitsverträge. Die Vorräte treffen ein, darunter die ersten der fünfzigtausend Brathendl. »Es ist eine Schufterei«, sagt Christian Schottenhamel. »Man streitet sich, man ärgert sich, und trotzdem: Wir können's nicht erwarten, wenn's wieder losgeht. Wiesnwirt zu sein, ist wie eine Sucht, wie eine Droge.«

Im Münchner Fremdenverkehrsamt, dessen Chefin Gabriele Weishäupl als Festleiterin fungiert, weiß man, wie begehrt die Droge ist. »Es ist die Krönung einer Wirtskarriere in München, wenn man sich den Lorbeer des Wiesnwirts umhängen kann«, fabuliert die städtische Zeremonienmeisterin, deren Handy bei Anruf die Melodie »In München steht ein Hofbräuhaus« summt. Rund hundertvierzig Gastronomen bewerben sich jährlich um die Gunst, manche von ihnen seit Jahrzehnten. Zu ihrem Leidwesen räumt kaum ein Festwirt freiwillig das Feld, und wenn einer mal das Ruhestandsalter erreicht hat, wie zuletzt der zweiundachtzigjährige Bräurosl-Patriarch Willy Heide, dann steht schon der Sohn parat. Die vierzehn großen Festzelte sind Goldgruben, die gibt man so leicht nicht auf. Im vergangenen Jahr, das schlecht war wegen des 11. Septembers, sind fast fünf Millionen Maß Bier ausgeschenkt worden, dazu verzehrten die Gäste dreihunderteinundfünfzigtausend Brathendl und einundfünfzigtausend Schweinshaxn. Jüngsten Erhebungen zufolge geben die Wiesnbesucher zusammengerechnet vierhundertneunundvierzig Millionen Euro aus.

Die Wurstbraterei Sieber, seit Menschengedenken eine Institution auf der Wiesn, hat es einmal versäumt, sich rechtzeitig fürs kommende Oktoberfest zu bewerben. Sei's drum, hat man dort womöglich gedacht, wir sind ja schon seit mehr als hundert Jahren dabei, da wird die Stadt wohl ein Auge zudrücken. Von wegen! Sieber war für ein Jahr draußen, da half alles Pochen auf Tradition nichts. Das könnte auch einem Bierbaron passieren. Jedes Mal muss er sich neu bewerben, jedes Mal entscheidet die Stadt, ob er würdig ist, eine Festhalle zu leiten – und wunderbarerweise fällt die Gnadensonne fast immer auf dieselben: die alten Wirtsdynastien der Schottenhamels oder Heides oder erfolgreiche Großgastronomen wie Ludwig Hagn, Hermann Haberl und Sepp Krätz, die weitläufige Biergärten und Gaststätten führen und mittels Hirschhornknöpfen und Trachtenjoppen eine virtuose Selbstinszenierung als altbairische Musterwirte betreiben. Schließlich müssen sie auch den Münchner Brauereien genehm sein, denen die meisten der großen Bierzelte gehören. Wer's geschafft hat, ist keineswegs vor dem Absturz sicher. Als der Hippodrom-Wirt Anton Weinfurtner 1994 mitsamt Ehefrau wegen des Verdachts der Steuerhinterziehung verhaftet wurde, war die Wiesnkarriere sofort vorbei. Auch den Weinburg-Wirt Lothar Buckel hat es erwischt, wegen diverser Verstöße gegen das Reglement, wie es hieß. Der hatte sich hochgedient, vom Schwabinger Kneipier zum Wiesnwirt. Da war ein

Traum in Erfüllung gegangen. Als er vom Rausschmiss erfuhr, ist er zusammengebrochen. Seitdem leidet er unter Depressionen.

Prinz Luitpold von Bayern hatte auch mal so einen Traum. Wiesnwirt, Bierbaron, ja eigentlich Bierprinz – das wär doch was für den Urenkel des letzten bayerischen Königs Ludwig III. Am Bier würde es nicht scheitern, denn der Mann aus dem Hause Wittelsbach verfügt über die König-Ludwig-Schlossbrauerei Kaltenberg, die im Übrigen mit Warsteiner verbandelt ist. Was hat er nicht alles versucht, um reinzukommen? Weil auf dem Oktoberfest nur Münchner Bier geduldet ist, hat er eine Gaststätte in der Stadt mit einer Hausbrauerei bestückt und sich damit beworben – vergeblich. Die Anlage steht inzwischen in Ulan Bator und braut Dschingis-Khan-Bier. Eines Tages ist er mit Pferdekutschen, Rittern und Landsknechten zur Festwiese gezogen, was zu einem Handgemenge führte, bei dem ein städtischer Beamter namens Proske etwas abbekam. Die diversen Anzeigen und Gegenanzeigen brachten als einzig greifbares Ergebnis, dass der Prinz hundertfünfzig Mark Strafe bezahlen musste.

Luitpold von Bayern ist mittlerweile zu dem Schluss gekommen, dass in München eine »totale Verfilzung« herrscht. All seine wunderbaren Konzepte, sein Alt-Münchner Rundzelt mit Varieté, die Show mit Gladiatorenschlachten und römischen Wagenrennen, hat die Stadt abgelehnt. »Wenn sie überhaupt eine Begründung hatten, dann die: Da könnte ja jeder kommen.« Als ob er »jeder« wäre! Immerhin ist er der Ururenkel des bayerischen Kronprinzen Ludwig, der am 12. Oktober 1810 die Prinzessin Therese von Sachsen-

Hildburghausen heiratete, was fünf Tage später mit einem Pferderennen vor den Toren der Stadt gefeiert wurde. Das kam so gut an, dass man das Rennen in den folgenden Jahren wiederholte, angereichert mit einem Landwirtschaftsfest.

So entstand das Oktoberfest, eine identitätsstiftende Nationalfeier der jungen Monarchie, die der Prinz und spätere König Ludwig I. gern beehrte. »Das erste Zelt auf dem Oktoberfest war das so genannte Königszelt«, sagt Luitpold in so herausforderndem Ton, dass sich der Rest des Gedankens von selbst versteht: Ihn, den Nachfahren, lässt man nicht rein, was für eine Frechheit! In der Tat ist der monarchische Gedanke in der Stadtverwaltung schwach ausgeprägt. Gabriele Weishäupl sagt kühl: »Stadtgrenze ist Biergrenze.« Den Rest zitiert sie aus der Satzung, der 1987 die Lex Luitpold beigefügt wurde: »Nur Münchner Bier der leistungsfähigen und bewährten Münchner Traditionsbrauereien« dürfe an die Wiesnbesucher ausgeschenkt werden.

Im Hause Schottenhamel, wie bei anderen Festwirten, wird sich das Mitleid für den Bierprinzen in Grenzen halten. Einen Tag vor dem Anstich hat man andere Sorgen: Ist morgen die Musik rechtzeitig da? Sind die Bedienungen vollzählig? Steht die Kutsche bereit, in der man mit dem Oberbürgermeister vorfährt? Und wer bedient den Ministerpräsidenten? Gegen zehn Uhr wollen die beiden noch eine Kerze stiften, im Gedenken an die Vorfahren und mit der Bitte um eine friedliche Wiesn. Ach ja, das hätten sie jetzt fast vergessen: Auch Christian Schottenhamel wird eine Ansprache halten. Heute, gegen zwei Uhr. Das Schankpersonal will er ermahnen, »g'scheit einzuschenken«.

Was das genau heißt, ist eines der großen Wiesnmysterien. Manchmal bekommt der Gast circa drei viertel Liter Bier und ein Viertel Schaum, und wer sich beschwert, gilt als ungemütlich oder gleich als Preiß. Erfahrungsgemäß kann man alles erleben, nur nicht eine Maß, die einen Liter enthält. Die Klagen darüber gehören ebenso zum Ritual wie das alljährliche Theater um den Bierpreis, das einer seit langem bewährten Dramaturgie folgt: Wirte sehen sich zur Teuerung gezwungen; Stadt und Presse protestieren; Wirte geloben Besserung, aber erst fürs nächste Jahr. Diesmal kostet die Maß bis zu sechs Euro achtzig, was etwa vier Prozent mehr ist als im Vorjahr und die Entrüstung der Festleiterin Weishäupl um fünfzig Prozent gesteigert hat. Von »unverschämtem Preisgebaren« sprach sie, das »unanständig und illoyal dem Fest und der Stadt gegenüber« sei.

Im 19. Jahrhundert haben Bierpreiserhöhungen in München zu Volksaufständen und zum Einsatz von Militär geführt, woran sich die Münchner, wenn überhaupt, nur noch mit folkloristisch gefärbter Nostalgie erinnern. Heutzutage ist man auf den Wiesnwirt zwar einerseits neidisch, weil er so viel Geld verdient, andererseits genießt er eine erstaunliche Popularität, besonders, wenn er als schlitzohriger Gegenspieler der Obrigkeit auftritt. Am besten verstand das Richard Süßmeier, der 1958 mit achtundzwanzig Jahren als Wiesnwirt der Armbrustschützengilde auf einem Eselskarren Einzug hielt. Noch heute, wenn er bei einem morgendlichen Weißbier die alten Geschichten erzählt, versteht man, warum er zu seinem Spitznamen »Wirte-Napoleon« kam: ein kleiner, gedrungener Mann, etwas bauchig wie der Korse, eine Haarsträhne im Bonaparte-Stil über die Stirn gekämmt. Er formuliert aus dem Stegreif wunderbare Sätze, bissig und ätzend, vor allem entwaffnend witzig. Süßmeier machte schnell Karriere. Hatte bald ein eigenes Zelt und avancierte zum Wirte-Sprecher, der auch indiskrete Fragen zu parieren wusste: »Was ein Wiesnwirt verdient? Eine links und eine rechts – sagt man.« Ihm zur Seite stand der legendäre Schankkellner Biwi, der aus einem Zweihundertliterfass zweihundertneunundachtzig Liter Bier zauberte, was nicht etwa Empörung, sondern allgemeine Heiterkeit auslöste.

Aber dann machte Süßmeier einen Fehler. Das war 1984. Vor versammelter Presse parodierte er den um die Schankmoral besorgten Kreisverwaltungsreferenten; ergänzend führte Biwi vor, wie man ein Brathuhn in drei Hälften zerlegt. Dummerweise hieß der Kreisverwaltungsreferent Peter Gauweiler, der eine bajuwarische Variante des Law-and-Order-Sheriffs verkörperte und Spaß nur so lange verstand, wie er nicht selbst das Opfer war. Gauweilers Kontrolleure handelten schnell. Am ersten Wiesntag setzte es viertausend Mark Bußgeld wegen schlechten Einschenkens, und wenig später wurden in Süßmeiers Zelt dreiundzwanzig illegal Beschäftigte verhaftet. Noch während des Festes verlor er die Konzession. »Ich hab' gemeint, ich bin so populär, die können mir nicht«, sagt er heute. Und dann, über Münchens Behörden, ein klassischer Süßmeier-Satz: »Da fühlt sich jeder als Erzengel Gabriel, der für die Zulassung und Vertreibung aus dem Paradies zuständig ist; und ein jeder Wirt ist ein armer Sünder, der hofft, dass er reinkommt.«

Die wilden Triebe der Natur

Bei einem Festakt im Beisein der wichtigsten Münchner – auch Ralph-Rudolph Siegelhammer war zugegen – wurde neulich einer Persönlichkeit gedacht, die Zeitgenossen als »massiges, rund drei Zentner schweres Mannsbild mit suppentellergroßen Händen« beschreiben. Wem an dieser Stelle Ottfried Fischer in den Sinn kommt, soll sich schämen. Das nur nebenbei. Bei dem postum Geehrten handelt es sich um Franz Xaver Kugler, seinerzeit Wirt der Oberhachinger Kugleralm, der als Erfinder der Radlermaß vor achtzig Jahren Geschichte geschrieben hat. Allerdings haben unsere Recherchen ergeben, dass der Tagelöhner Korbinian Birnbrenner schon am 7. Mai 1921, also ein Jahr vor Kugler, sein Bier versehentlich mit Limonade versetzt und anschließend in der Latrine entsorgt hat. Die geistreiche Tat ist dann ebenso wie Birnbrenner in Vergessenheit geraten, weshalb fälschlicherweise Kugler Weltruhm erlangte.

Weil wir gerade dabei sind: Die Entdeckung der Weißwurst am 22. Februar 1857, die dem Bierwirt Sepp Moser gutgeschrieben wird, ist auch so eine Legende, mit der sich München im globalen Wettbewerb der innovativsten Städte gegen Birmingham (Erfindung der Dampfmaschine) oder Altötting (Erfindung des christlichen Glaubens) zu behaupten versucht. In Wirklichkeit hat die Wurstologie erste Spuren der Weißwurst im 14. Jahrhundert ausgemacht, und vielleicht hat es sie schon gegeben, als auf den Fluren der späteren

Landeshauptstadt noch Saurier ihr Wesen trieben. Andererseits ist München bedeutend älter, als man uns mit der Geschichte von Heinrich dem Löwen und der Stadtgründung anno 1158 weismachen will. Wir zum Beispiel sind der Ansicht, die ersten Münchner waren Aristokraten aus Troja, die sich nach der Zerstörung ihrer Stadt durch Odysseus an die Isar gerettet haben. Nicht zufällig haben viele Münchner ausgesprochen edle Gesichtszüge, und auch die enorme Verbreitung von Pferdedenkmälern spricht für sich.

Zugegeben, ganz gesichert ist die These nicht. Überhaupt muss man sagen, dass München viel weniger eine Stadt als ein Zustand ist, der bisweilen ins Rauschhafte tendiert und in seinen besten Momenten das Gefühl hervorruft, man sei im Süden, an mediterranen Gestaden. Da braucht uns niemand mit dem Hinweis kommen, vorm Strand lägen die Alpen, und genauso wenig bedarf es der Belehrungen über den Ursprung der Weißwurst oder der Radlermaß. Wichtig ist nur, dass es sie gibt, und dass die Feier ihrer Jahrestage jenen Rausch hervorruft, den einst Ludwig Thoma besang: Es steigern sich bei jeder Tour/die wilden Triebe der Natur;/Es fliegt das Bein, es fliegt der Rock/Ein jeder Jüngling wird ein Bock. Wir zitieren das mit der gebotenen Abscheu und nur, weil Frühling ist. Und noch eins lehrt das Gedicht: Zweifel an der heidnisch-antiken Natur Münchens entbehren jeglicher Grundlage.

Die Dreiquarteloper

Die Volkssänger waren bis in die dreißiger Jahre des 20. Jahrhunderts die beliebteste Massenunterhaltung der Münchner

Irgendwie hatte man es immer geahnt, und doch gibt es den Moment, da fährt einem der Schreck in die Glieder, hier, im »Pschorr-Keller« an der Theresienwiese, wo drei Busladungen Japaner einen original bayerischen Abend verleben. Großer Gott, denkt man, sind wir nicht genau so in einer Taverne auf Kreta gesessen, wo original kretische Ureinwohner original kretische Tänze vorführten? Oder die formidable andalusische Nacht in der Hotelbar in Marbella, die erfüllt war mit den Schmerzensrufen original andalusischer Flamenco-Sänger. Ganz zu schweigen von den original balinesischen Legong-Tänzerinnen, dem original Fado in Lissabon, den indianischen Kriegstänzen in New Mexiko – volkskundliche Erweckungserlebnisse allesamt.

Heute also echt bayerisch-münchnerische Folklore, und etwa sechzig Japanerinnen, an zwei endlosen Tischreihen sitzend, kichern verschämt in ihre Teller mit Wurstspießen, während man am Herrentisch den Fotoapparat in Stellung bringt. Sind auch wirklich fotogen, die fünf jungen Damen, die auf der Bühne des im Stil einer Betonfestung konzipierten »Pschorr-Kellers« bayerische Kultur verkörpern. Gelb die Röcke, schwarz das Mieder, und wenn sie sich drehen, schnell wie ein

Brummkreisel, schimmern weiß die Dessous. Und die Musik kommt original vom Band, das ein dienstbarer Geist in Lederhose verwaltet, passend zum Bühnengesamtkunstwerk aus Almhütte, Hirschgeweih, Zielscheibe, Lichterkette und hölzerner Heugabel. Hört, hört, Japaner, so klingt's bei uns! Kuhglocken bimmeln das Kufstein-Lied, geführt von zarter Sennerinnenhand, dazu die landestypische Choreografie eines Almbäuerinnen-Quartetts, ein Drehwurm, dass die Röcke fliegen, dann die Posaunen und Trompeten aus dem Lautsprecher, immerwährende Gaudi verkündend, und als Höhepunkt vor der Pause die Altmünchner Hymne »When the Saints Go Marching in«, arrangiert für Kuhglocken und zum Mitklatschen. Da werden sie staunen in Tokio und Osaka, wenn die Heimkehrenden erzählen, wie zünftig es abends in München zugeht. »Da gibt es noch richtige, unverfälschte Folklore«, werden sie sagen. Irgendsoetwas hatten wir auch gesagt, damals, auf Kreta und Bali.

Manchmal, beim Blättern in alten München-Ansichten, entdeckt man Fotos von Musikanten, die sich um einen möglichst schafsblöden Blick bemühen und den Hanswurst zum modischen Vorbild haben. Andere sehen aus wie Fuhrknechte aus einer Ludwig-Thoma-Verfilmung, auch ein verbreiteter Hang zur Korpulenz ist nicht zu verkennen. Vor achtzig, neunzig, hundert Jahren haben diese Gesellen halb München auf die Beine gebracht. Wo sie, die Volkssänger, auftraten, war die Bude voll, es dampften Zigarren und Würste, und bisweilen waren die Schmährufe des Publikums noch lustiger als das Programm. Die Kneipen, Wirtshäuser, Singspielhallen wurden zum Theater der kleinen Leute, wo es derb zuging und laut, ganz anders als in den Schauspielhäusern, in denen die besseren Herrschaften verkehrten.

Lion Feuchtwanger schildert in seinem Schlüsselroman »Erfolg« einen Auftritt Karl Valentins – im Roman heißt er Balthasar Hierl – im Apollotheater in der Dachauer Straße: »Der große Minervasaal, ein volkstümliches Varieté in der Nähe des Hauptbahnhofs, war dicht gefüllt; denn der Komiker Balthasar Hierl, der heute nach längerer Pause zum ersten Mal wieder auftrat, war populär: Die Zuhörer waren zumeist Kleinbürger, Leute aus dem Mittelstand, Dreiviertelliterrentner, Dreiquartelprivatiers wurden sie genannt, weil ihr Vermögen zu einem ganzen Liter Bier nicht reichte. Sie saßen in dem harten Licht des nüchternen, mit patriotischen und mythologischen Fresken geschmückten Saales, rauchten Zigarren oder Pfeife, hörten in den Pausen einem großen Blasorchester zu. Während der Vorträge aßen sie … Das Publikum schrie, brüllte, tobte vor Lachen, fiel von den Stühlen, japsend, sich an Bier und Speise verschluckend. Seltsam wie vor der simplen Eindringlichkeit des Schauspielers Hierl die Zuschauer gleich wurden. Ihre Einzelsorgen und Einzelfreuden versanken.«

Da hatte sich in München eine eigentümliche Kunstform entwickelt, die dem Ideal des Guten und Schönen weitaus weniger verpflichtet war als dem Umsatz des Wirtes und der Volksbelustigung. Auf der Bühne und im Publikum waltete einerseits ein Geist, der so ähnlich auch in amerikanischen Minstrel-Shows oder im Vaudeville in England sein Wesen trieb, der aber andererseits an der Isar in einer Gestalt erschien, die unverwechselbar Münchner Konturen hatte. Man muss nur einmal in die alten Schellack-Aufnahmen hineinhören, die bei Trikont als CD vorliegen: Beispielsweise, wenn Georg Rückert (1879–1929), der im Peterhof die »Original Dachauer Bauernkapelle« leitete und lange Zeit mit Karl Valentin auftrat, in die Rolle eines unbedarften Bauern schlüpft, den es in die große Stadt verschlagen hat, wo er »elektrisch mit der (Straßen-)Bahn« fährt: Kaum sitz i da drin im Wagn/tu ich raus mein Schwartnmagn/weil halt des mei Leibspeis wär/da kommt gleich der Kondukteur,/schreit mich an scho grad wia bsessn,/da herin darf man nicht fressn,/was nicht fressn, hab i gfragt/ja sagt er, hat er gsagt.

Was muss das für ein Hallo gewesen sein im Saal, wenn am Ende jeder Strophe das Bäuerlein als einfältiges Landei entlarvt war, als gscherter Dimpfl, der dem Fortschritt in der Großstadt nicht gewachsen ist. Im Geiste hört man sie vor Vergnügen grölen, die vom Bier wohlig enthemmten Vorstadtstrizzis und Kleinrentner, denen ein armer Teufel aus just jenem Milieu vorgeführt wurde, dem viele von ihnen selbst entstammten.

Haidhausen zum Beispiel: Wo heute schicke Besserverdienende in luxussanierten Altbauwohnungen residieren, waren im 19. Jahrhundert Elendsquartiere. Oder das Westend: die feuchten Mietskasernen, in denen die Arbeiterfamilien hausten, argwöhnisch observiert von der Polizei, die jeden politischen Kampf für bessere Lebensbedingungen zu unterdrücken versuchte. Oder die Hungerviertel in der Au: Karl Valentins Eltern lebten dort, die Familie zu neunt in einem Zimmer, und, wie der Komiker später bitter notierte, mit einem besonderen Komfort: »Das laufende Wasser – das lauft Tag und Nacht über d'Wänd runter.«

So malerisch ging es zu in der Prinzregentenzeit, heute verklärt als die goldene Epoche Münchens. Damals kulminierte eine Entwicklung, die um die Mitte des 19. Jahrhunderts begonnen hatte. Die Landbevölkerung war verarmt und drängte in die Stadt, die dem Ansturm nicht gewachsen war. Im Jahr 1800 hatte München vierunddreißigtausend Einwohner. 1880 waren es zweihundertdreißigtausend, drei Jahrzehnte später fünfhundertsechsundneunzigtausend. Andreas Koll schreibt im CD-Beiheft der Trikont'schen »Rare-Schellacks«-Serie: »Die meisten Münchner lebten um die Jahrhundertwende als rechtlose Bewohner in Elendsvierteln. Sie verdingten sich als Tagelöhner und hausten in den Herbergen oder Mietskasernen der Vorstädte. Viele teilten sich einen Schlafraum. Die Betten wurden nie kalt, denn sie wurden auch tagsüber an Schlafgänger vermietet. Sanitäre Einrichtungen fehlten völlig. Ein Viertel aller Neugeborenen war unehelich. Eine achtköpfige Familie bewohnte nicht selten eine Sechs-Quadratmeter-Wohnung.«

In den erbärmlichen Quartieren kursierten Zehntausende Träume vom besseren Leben, und weil sich die wenigsten erfüllten, entfloh man der Wirklichkeit im Rausch. Die Wirtshäuser waren Orte des gnädigen Vergessens, und gelegentlich kam ein Kerl mit Gitarre, sang ein paar derbe Lieder und ging mit dem Hut rum. Das war ein Zubrot zum kargen Lohn, aber bald gab es einige, auf die sprang das Publikum so sehr an, dass der Wirt sich genötigt sah, sie fest zu engagieren. Allmählich bildeten sich professionelle Ensembles, so genannte Volkssängergesellschaften, die einen ganzen Abend mit Couplets, humoristischen Einlagen, Vorträgen, Einaktern, Possen, Akrobatik, Zauberei und Tanz bestritten. Anderl Welsch (1842–1906), der um die Jahrhundertwende das Apollotheater leitete und eine tausendseitige Sammlung von Texten und Couplets zusammentrug, hat ein gereimtes Berufsbild hinterlassen: Ein Volkssänger ist:/Ein aufs Podium springender – um Applaus ringender,/Wenig studierender – sehr oft kopierender/Mit Gönnern schmollender – Künstler sein wollender,/Viel Spaß machender – wenns gut geht lachender, – Wenns schlecht geht weinender – als Hanswurst scheinender, …/Drastisch elastischer Witzmachersgsell.

Doch, es gab diese Zeiten, da waren die Abende nicht dem Fernsehen gewidmet, sondern die Massenunterhaltung fand im Wirtshaus statt. Große Spielstätten entstanden wie das Apollotheater oder das Hotel Oberpollinger in der Neuhauser Straße, in dem die Singspieltruppe des populären Papa Geis (1840–1908) auftrat. Wie Heike Frey und Cornelie Müller in ihrem Buch »Wer was versteht von Gemütlichkeit«, einem Porträt der Volkssängerin Bally Prell, schreiben, war das Spektakel nicht allein auf den Abend beschränkt: »Zum Bockbierfrühschoppen zwischen elf und dreizehn Uhr findet man sich beim Singenden Wirt ›Papa‹ Johann Kern (1845–1911) im Keller des Café Metropol nahe der Frauenkirche ein, Papa Geis und seine Gesellschaft spielen am Nachmittag, und abends bietet sich das Apollo an …, das über den Luxus richtiger Garderobenräume für das Ensemble verfügt.« Circa achtzig lizensierte Singspielhallen gab es, daneben zahllose kleinere Bühnen in den Wirtshäusern. 1914 waren rund achthundert Volkssänger in München amtlich registriert.

Sie waren, in den Anfängen zumal, die Stimme der kleinen Leute, der Maurer, Pflasterer, Bierfahrer, Mörtelweiber, Fabrikarbeiter. Sie hatten die Gstanzl und Schnadahüpfl ihrer ländlichen Vorfahren im Ohr, und sie hatten von den Wiener Komödienautoren Raimund und Nestroy gelernt, wie man Couplets schreibt. Darin machten sie sich, die Zensur listig umgehend, über die Obrigkeit, die Großkopferten, die Preißn und andere Quälgeister lustig. Und wenn sie das Leben besangen, dann war es das Leben der Underdogs, deren Kümmernis sich in befreiendes Gelächter verwandelte, in jenen wenigen Momenten, in denen die Grotesken des Alltags Musik wurden: Alle Sonntag gibt's Schweinswürst dazu Sauerkraut/Mei Vater isst d'Würschtl und i kriag die Haut, sang Georg Rückert.

Den verdammten Hunger, den kannte sein Publikum, die Arbeiter, die kleinen Handwerksmeister und die Kocherl, nur zu gut. Aber die Welt des ausgehenden 19. Jahrhunderts verstanden sie kaum noch: Fabriken wurden gegründet, große Betriebe, die immer mehr Fremde als menschliche Produktionsmittel anwarben. Die einst behäbige Residenzstadt verwandelte sich in eine moderne Großstadt, in der die herkömmlichen Wertvorstellungen nicht mehr galten. Das war längst keine homogene Gesellschaft mehr, da prallten die politischen und sozialen Gegensätze mit zunehmender Gewalt aufeinander, in der Regel zum Nachteil von Minderheiten wie den Juden oder von oppositionellen Kräften wie den Sozialdemokraten.

Während die Literaten und Kabarettisten der Schwabinger Bohème auf die Zumutungen der

Moderne mit einer Kritik reagierten, in der die Utopie einer besseren Gesellschaft verhalten mitschwang, beschworen die Volkssänger vornehmlich die Vergangenheit: Mia sind Pfründner, noch, versteht sich,/sind verarmte Bürgersleut,/aber rechte treue Spezi/aus der guten alten Zeit. So schmalztriefend sang etwa das Duo Sigl und Stettmayer um 1910. Bestes Beispiel für diese Haltung ist Ferdinand Weisheitinger alias Weiß Ferdl (1883–1949), der Star der Platzl-Bühne und vielleicht der populärste unter den Münchner Volkssängern. Er war, wie Andreas Koll schreibt, »Zeit seines Lebens dem Wertesystem der Prinzregentenzeit verbunden ... Der Tatsache, dass nach dem Krieg die ›alte Welt‹ aus den Fugen geriet, stand er verständnislos gegenüber. Er wollte, dass das Leben in Bayern wieder so wird, wie es einmal war.«

Bereits 1921 trat der Weiß Ferdl bei NSDAP-Veranstaltungen auf. Er war ein wunderbarer Sänger, der Gespür hatte für Witz und feine Anspielungen, aber er konnte auch grob werden und sein Herz schlug im Zweifelsfall rechts. Hitler kannte er persönlich, und er schreckte auch nicht – aber da war er beileibe nicht der Einzige – vor antisemitischen Versen zurück: Die Cohn und die Sarah/fahr'n im Auto dahin/Vorn stinkt's nach Knoblauch/und hinten nach Benzin. Während der NS-Zeit durfte er sich auch mal einen harmlos-kritischen Witz erlauben, denn er fungierte, so formuliert es Gudrun Köhl, die Chefin des Valentin-Museums, als »eine demokratische Ansteckblume der Nazis«. Gewiss war er kein fanatischer Nationalsozialist; er hatte sich mit der NS-Diktatur arrangiert, getreu seiner Devise: »I sag ned so oder so, damit ma hernach ned sagn kann, i hätt so oder so gsagt.«

Für Karl Valentin konnten sich die Nazis nicht erwärmen, und erst recht nicht er für sie. Valentin ist eine singuläre Gestalt, die zwar auf den Münchner Volkssängerbühnen groß geworden ist, aber Dada oder Charlie Chaplin viel näher steht als den singenden Gaudiburschen im Platzl. Die Figuren, die er auf die Bühne stellt, verlieren sich nicht in einer gefühlsduseligen Sehnsucht nach der guten alten Zeit, sondern sie exerzieren vor, was die modernen Zeiten mit den Menschen anrichten. Wie sie sich verirren in den Absurditäten des Alltags, wie ihnen die Welt als eine dunkle Kammer voller Fallstricke gegenübertritt – da lässt, mit Verlaub, Franz Kafka grüßen.

Valentins Denkmal steht auf dem Viktualienmarkt. Nicht weit entfernt davon: Liesl Karlstadt und der Weiß Ferdl. Häufig liegen Blumen vor den Bronzeskulpturen – eine rührende Reverenz ans alte München. In den Zwanzigern war die große Zeit der Volkssänger vorbei. Man ging nun ins Kino, besuchte großstädtische Revuen im Deutschen Theater, vergnügte sich in frivolen Varietés. 1928 schloss das Apollotheater. Einzig das Platzl am Hofbräuhaus hielt bis in die neunziger Jahre durch. Das war kein Zufall: Von Anfang an war es als Bauernbühne konzipiert, in der mit Jodlern, Schuhplattlern, Almhütte und krachledernen Klischeebayern allabendlich eine Postkartenidylle zelebriert wurde. Während draußen der Verkehr tobte und München zur Zentrale des Laptop-Staates Bayern avancierte, feierte man drinnen die ach so heile Welt der ewig ins Kammerfenster kraxelnden Bauernburschen, der reschen Dirndln, Holzknechte und keifenden Altbäuerinnen. Das Platzl verkörperte die institutionalisierte altbairisch-bäuerliche Gemütlichkeit, die man sich und seinen Gästen gelegentlich gönnte.

Längst haben die Hymnen der Popmusik selbst auf dem Oktoberfest den alten Blasmusik-Gassenhauern den Rang abgelaufen. Die Lebenswelt, der die Volkssänger entstammten, ist vor Zeiten untergegangen, und nur, wer das kapiert, kann eine kurze Strecke auf ihren Spuren wandeln. Vielleicht gibt ein Auftritt der »Biermösl Blosn« im Bierzelt eine leise Ahnung, wie es zugegangen ist, damals im Apollotheater oder im Oberpollinger. Lehrreich ist in dem Zusammenhang das Schicksal des Platzl: Wo es beheimatet war, ist heute das Hard Rock Café.

Der Mann aus dem Unterholz

Josef Bachmaier ist Wirt der Künstlerkneipe »Fraunhofer« – und ein Urgestein der Münchner Kabarettszene

Zeiten sind das. Josef Bachmaier schüttelt den Kopf. »Der Polt und der Hube spielen im Cuvilliés-Theater, und bei uns im Fraunhofer spielt einer von der CSU. Da fragst dich doch als jemand, der Zeit seines Lebens versucht hat, die Dinge auseinander zu halten.« Bachmaier intoniert den Befund keineswegs als Klage, im Gegenteil, richtig komisch findet er das, so komisch, dass er loslacht und die Furchen in seinem Gesicht trotz grau meliertem Dreitagebart ordentlich zur Geltung kommen. Ja, zum Kuckuck, es hat sich viel geändert in den letzten dreißig Jahren, sogar das Rauchen hat er aufgegeben, er, Josef Bachmaier, den alle Beppi nennen. Drei, vier Schachteln täglich hat er gequalmt, Gauloises natürlich, und zur graugelben Färbung der Stuckdecke – die Patina jeder guten Kneipe – haben seine Stumpen in gewiss nicht geringem Maße beigetragen.

Eigentlich muss man ja rauchen in einer Wirtschaft wie dem »Fraunhofer«. Das gehört dazu, genau wie die Messingleuchter, wie Pinkie, die getigerte Kneipenkatze, und wie die Jagdtrophäen an der Wand. Zum Beispiel der Wildschweinkopf: Wenn der doch reden könnte; wenn er all die Geschichten erzählen würde, die hier passiert sind. Geschichten von Biertischrevolutionären und Polizeispitzeln, von Musikern, Versoffenen und Verliebten, kurz gesagt: vom wilden, traurigen, fröhlichen, aufregenden Leben. Aber das Wildschwein schweigt. Und Beppi, naja, der ist keiner, dem die Worte aus dem Mund sprudeln.

Dafür klingen sie ganz wunderbar. So wie er spricht, haben sie früher vielleicht alle geredet, die kleinen Leute in der Isar-Vorstadt oder der Au, und säße man irgendwo im Exil, fern von München, dann wäre es gerade dieser Klang, der einem abginge: eine Sprache, die eher behäbig ist und keinesfalls derb-auftrumpfend wie im Komödienstadl. Beppi Bachmaier, Jahrgang '47, ist in der Morassistraße aufgewachsen. Die Mutter hatte Köchin gelernt und betrieb zwei Lokale in Schwabing. Aber das war vor seiner Zeit. Im Krieg sind sie zerstört worden, und Beppi kennt nur die alten Geschichten, die die Mutter erzählt hat. Die Sache mit dem Kruzifix zum Beispiel: Ein kleiner Sieg war das gegen die Nazis, die das Kreuz im Herrgottswinkel beseitigen wollten. Die Stammgäste haben dagegen protestiert – und was geschah? Das Kreuz blieb hängen.

Der Vater war Metzger, was für Beppi, den einzigen Sohn, mit nahezu schicksalhafter Unerbittlichkeit bedeutete, auch Metzger zu lernen. Sollte ja mal das Geschäft übernehmen, so gehörte sich das. Bis zur Gesellenprüfung hat er durchgehalten, aber danach eine Metzgerei zu führen und Wurst feilzubieten – das, bittesehr, lag überhaupt nicht im Geist der Zeit. Wer von dem beseelt war, der hatte Ende der sechziger Jahre ganz andere Ideen im Kopf, die in härteren Fällen auf die Revolution hinausliefen, zumindest aber auf einen Lebensstil, der gutbürgerlich gesinnten Eltern schlaflose Nächte bereitet hat. Bei Bachmaier war es so, dass er sich zum Künstlerisch-Kreativen hingezogen fühlte, was immer das sein möge. »Ich hab' dann angefangen, Bilder zu malen, und ein paar bin ich in Frankreich und München losgeworden. Irgendwann hab' ich dann eine Werkstatt aufgmacht, mit einem Trödelladen, der allweil zua war. Und um das alles zu finanzieren, hab' ich in einem Haus in der Buttermelcherstraße die Hausmeisterei übernommen – d'Verwandtschaft hat dann gsagt, jetzt spinnt er ganz.«

Bachmaier nickt dabei, so als wollte er signalisieren, eigentlich hatten die ja Recht. Während er erzählt, an einem der rustikalen Tische im »Fraunhofer«, rauscht draußen der Verkehr vorbei, ein Martinshorn ist zu hören, ständig läutet das Telefon. Manchmal geht er dran, manchmal nicht. Seit knapp dreißig Jahren ist er hier der Wirt, anfangs war mal der eine oder der andere mitbeteiligt, zwischendurch auch der spätere Hallenkönig Wolfgang Nöth.

Montagnachmittag, noch hat die Wirtschaft geschlossen. In der Küche hacken sie Gemüse, die Vorbereitungen für den Abend, wenn die Gäste kommen. Beppis Frau Doris hat sich gerade aufgemacht, die Kinder von der Schule abzuholen. Verheiratet? »Nein, a wilde Ehe, wie sich's gehört.« Zwei Kinder haben sie, einen Buben und ein Mädchen, »es ist ein Drama«. Das Drama besteht darin, dass die Sprösslinge nicht in der Lage sind, ein anständiges Bairisch zu reden und stattdessen eine Art Hochdeutsch vernehmen lassen. Aber abgesehen davon handelt es sich um »ganz nette Kinder«, sagt Beppi. »Nach Achtundsechzig wollte man ja keine Kinder in die Welt setzen, weil des ned zu verantworten war. So haben des einige verpasst, und ich bin dann relativ spät draufgekommen und eher zufällig.«

Damals, in den Sixties, als er noch keine Kinder hatte, sind über seiner Wohnung ein paar Leute eingezogen, »die haben Schmuck g'macht und so Zeig«. Also die üblichen Verdächtigen, wie sie seinerzeit in jeder Wohngemeinschaft zu finden waren. Entweder man machte Musik oder Kunsthandwerk. Oder beides oder gar nichts. Einer der neuen Hausgenossen hieß Uwe Kleinschmidt, war ein wenig älter als Bachmaier und hatte angeblich mal Erfahrungen als Geschäftsführer eines Lokals gesammelt. Uwe war ein genialer Luftschlossarchitekt. Hatte ständig tausend Ideen im Kopf, neunhundertneunundneunzig davon waren unmöglich, aber die eine, die verblieb, die war gut. Man musste nur die richtige rauspicken, und eines Tages ist es den beiden gelungen. Im »Alten Hackerhaus« war man gerade dabei, ein ständiges Kleinkunstprogramm zu etablieren. Kleinschmidt und Bachmaier haben davon Wind bekommen, und nach einigem Hin und Her haben sie den Laden übernommen. MUH hieß das Projekt, die drei Buchstaben standen für den Begriff »Musikalisches Unterholz«.

Das MUH war eine verrückte Bühne. Üblich war, dass die Zuschauer im Verlauf eines einzigen Abends hoffnungslosesten Dilettantismus und verblüffendste Virtuosität zu sehen und zu hören bekamen. Nach zwei, drei Stunden war der Saal komplett zugeräuchert, das »Unterholz«-Podium war mit trockenem Geäst und Laub dekoriert, jeder Auftritt dauerte etwa eine halbe Stunde, zwanzig Mark bekamen die Künstler dafür, die besseren mehr. Wenn das Publikum Glück hatte, traten Könner wie Fredl Fesl oder die Well-Brüder alias »Biermösl Blosn« auf, es konnte aber auch passieren, dass man nacheinander mit »Jaule-Paule« (der Name war Programm), Frau Müller (eine transsexuelle Gestalt mit Falsettstimme) und Edi Eisheuer (jonglierte mit drei rohen Eiern, die regelmäßig zu Bruch gingen) konfrontiert wurde. Hinten am Mischpult, in Jeans und Holzfällerhemd, stand Uwe Kleinschmidt. Immer hatte er eine Halbe Bier vor sich, nur das Bargeld war knapp, aber das war egal. Uwe hatte eine unwiderstehliche Art, die Künstler in puncto Gage zu vertrösten. Irgendwann bekamen sie schon ihr Geld – oder auch nicht. Das Publikum bestand aus zwei Fraktionen: Zufallsgäste, die mal etwas anderes sehen wollten, und solche, die immer da waren. Zum Beispiel »der dicke Dieter«. An den erinnert sich Bachmaier noch gut: »Der kam dauernd mit so einem kleinen Behinderten, und wenn's pressiert hat, hat er den unterm Arm genommen und weggetragen.«

Einen Nachteil hatten die Stammgäste: Mit der Zeit kannten sie das Programm auswendig, was sie aber nicht davon abhielt, jeden Abend in Erscheinung zu treten und unentwegt zu schwätzen. Folglich kam Bachmaier anno 1974 zu dem Schluss: »Wir brauchen ein Lokal, wo die sich treffen und ratschen können.« Zufällig ist er auf eine alte Wirtschaft in der Fraunhoferstraße 9 gestoßen, der gerade erspart geblieben war, eine Filiale der Wienerwald-Kette zu werden. »Fraunhofer« hieß die Lokalität – ein Wirtshaus, entstanden im 18. Jahrhundert aus einer Bäckerei, das mal unter »Tafernwirtschaft Vollnhals« firmierte, mal unter dem Namen »Zum Rechlwirt«, und das im Verlauf der Jahrhunderte Stammlokal von allen möglichen Vereinen, politischen Gruppen und Studentenverbindungen war. »Ich hab' gleich gewusst, dass des was Besonderes is«, sagt Bachmaier. Die Resopaltische, die man gerade reingestellt hatte, schickte er postwendend an die Brauerei zurück, auch der ehrwürdige Kohleherd musste weichen. »Bei aller Nostalgie wussten wir, dass des nix is. Dafür hab'n mir a neue Küch kriegt.«

Wer damals ins »Fraunhofer« ging, hatte in der Regel nicht vor, eine Karriere in der CSU hinzulegen oder als Modezar Geschichte zu schreiben. Jeans, Parka, Palästinensertuch – so in etwa lautete der Dresscode. »Studenten, die noch richtig trunka hab'n«, frequentierten das Lokal und bescherten den Wirten eine Bilanz, die Bachmaier so zusammenfasst: »Großer Bierumsatz, kleiner Essensumsatz.« Bei Bier und selbst gedrehten Zigaretten hat man sich die Köpfe heiß geredet über den richtigen Weg zur Sonne, zur Freiheit. »Ursprünglich war das ›Fraunhofer‹ ein politisches Lokal. In der Zeit haben alle a bisserl a revolutionäre Vorstellung gehabt. Und wer keine gehabt hat, von dem hast nix ghört.« Hier haben Leninisten mit Autonomen gestritten, Graswurzelpropheten mit RAF-Sympathisanten, und hier haben die Grünen, allen voran Petra Kelly, ihren erstmaligen Einzug in den Bundestag gefeiert. Angeblich gehörte auch die Polizei zu den Stammgästen. »Mir haben g'wusst, dass mir observiert werden.« Doch das war fast Ehrensache, damals. Logisch, dass auch der Beppi mitgeredet hat, aber manchmal, mitten in der schönsten revolutionären Theoriedebatte, überfielen ihn reichlich unpolitische Gedanken:

»Mei, da sitzen jetzt so bildhübsche Madl rum, und alle schauen nur verbiestert vor sich hin und reden und reden. Da hab i g'wusst, des is nix für mi.«

Verdammt lang her. Neulich ist Georg Eisenreich, ein veritabler CSU-Landtagsabgeordneter, als Kabarettist im Theater im »Fraunhofer« aufgetreten, obwohl es mal hieß: »Mit der CSU mach' ma nix.« Es ist eben nichts mehr wie früher. »Irgendwann konnt' man sich nicht mehr orientieren, auch als politisches Kabarett hast auf einmal die SPD bekämpft, weil's solchene Hanswurschtn waren im Rathaus, und der Forchheimer von der CSU, mit dem haben wir zusammengearbeitet.«

Seltsam, wo es doch so scheint, als wäre im »Fraunhofer« alles beim Alten geblieben. Die Kellnerinnen in Jeans, die Desperados, die einsam ihr Bier trinken, die Typen, die über Gott und die Welt reden – wie früher, und doch: Die Kämpfe von einst sind längst ausgefochten, alle Fragen ausdiskutiert, ausgeträumt die Träume, und die Utopien ruhen in der Schublade. Auch Uwe Kleinschmidt ist nicht mehr. Der alte Weggefährte starb vor sechs Jahren nach langer Krankheit, »ein Phantast, den Zeit seines Lebens die Gerichtsvollzieher verfolgt haben.« Der dicke Dieter ist tödlich verunglückt, irgendwo in Spanien, von anderen hört man, sie haben sich zu einem beschaulichen Dasein aufs Land zurückgezogen.

Eine traurige Geschichte? Wirklich nicht. Nicht für Beppi Bachmaier. Der ist keiner, der alten Zeiten hinterherweint. Schon gar nicht, wenn es eine Menge zu tun gibt. Vor sechs Jahren hat er sich das »Mariandl« am Beethovenplatz aufgehalst, gemeinsam mit Rudi Bayer. Dort, im »Konzertcafé« mit angeschlossener Künstlerpension, herrscht ein ähnlicher Geist wie im »Fraunhofer«: die unaufgeregte Feier ewigen Studententums, meist ein wenig zottelig und linksoppositionell und gewissermaßen die Antithese zum coolen Schnöselschick der »Schumann's«-Kultur. Und was das MUH betrifft, auch das ist wieder erstanden: als Sonntagsbrettl im Fraunhofer-Theater, offen für jeden, der sich auf die Bühne traut. Jede Menge Arbeit! »Ach was«, sagt Beppi. »Diese Arbeit erschien mir nie als Arbeit, es hat immer Spaß gemacht.« Also steigt er jetzt auch beim Theaterzelt »Das Schloss« ein. »Des reizt mi, obwohl es vollkommen sinnlos ist für mich.«

Noch ein letzter Blick zurück zu den wilden Jahren: Ob er damals auch die einschlägige Fachliteratur gelesen habe, Marx zum Beispiel, Bakunin, Mao oder wenigstens Adorno? »Na, mir habn eher versucht, des zu leben.« Adorno hat geschrieben, es gebe kein richtiges Leben im falschen. Stimmt für alle, außer für Bachmaier.

Am Rio Grande von Thalkirchen

Saloons, Pferde und Trapperromantik an der Isar: Seit neunzig Jahren treffen sich die Mitglieder des Cowboy Clubs München

Jetzt, in der Mittagshitze, flimmert die Luft über den Uferbänken, das Sirren des Sommers lockt wie ferner Sirenengesang. Träge fließt der Fluss dahin, so träge, als wollte auch er jede Bewegung vermeiden; gleißendes Licht durchflutet die Landschaft, selbst den Auwald, das Laub der Ahornbäume und Buchen.

Das ist die Stunde, in der die Konturen verwischen, die Einzelheiten verschwinden und die Welt als diffuses Flirren erscheint – die beste Zeit, sich in Tagträumen zu verlieren. Martin Fromberger, der die Nacht hier im Zelt verbracht hat, könnte sich jetzt der Vorstellung hingeben, der nahe Isarkanal wäre der Rio Grande, über ihm schiene die Sonne Kaliforniens, und er, Martin Fromberger aus München, wäre ein lonesome cowboy auf der Suche nach Gold und Glück.

Etwas Ähnliches muss sein Vater geträumt haben, damals, in den Jahren vor dem Ersten Weltkrieg. Auch der hieß Martin, ein junger Mann um die zwanzig, und er hatte zwei Spezis, die waren wie er aus dem Schlachthofviertel und hatten dieselben Flausen im Kopf: die Brüder Fred und Hermann Sommer. Sie alle hatten einen Jugendtraum, keinen ungewöhnlichen für die damalige Zeit: Amerika kam darin vor, die Weite der Prärie, das

Cowboyleben, Pferde, Büffel, die große Freiheit. Bei den meisten verliert sich das mit dem Erwachsenwerden. Nicht so bei Martin und seinen Freunden. Die blieben ihren Traumgebilden treu, und wäre es anders gekommen, säße Martin Fromberger junior nicht hier, im Schatten der Buchen zwischen Isar und Floßlände, umsäumt von Trapperzelten, Pferdestall und dem rustikalen Long Horn Saloon. Dies ist Thalkirchen. Ach wo! In Frombergers siebzigjährigem Herzen ist dies der Wilde Westen.

Fromberger ist nicht allein. Camillo hat sich hinzugesellt, Camillo Buecher, 73, aufgewachsen in Haidhausen. Schon als kleiner Bub war er Cowboy, genau wie seine Freunde aus der Sedanstraße, die mit Holzrevolvern erbitterte Kämpfe gegen die Cheyenne-Indianer aus der Kellerstraße ausfochten. Der Vater hatte einen seiner Hüte geopfert, ihn ins Wasser gelegt und zum Stetson geformt. »Das war mein erster Cowboyhut«, sagt Camillo, während er in die Sonne blinzelt und ein roter Lieferwagen vorfährt. »Der Apachen-Sigi«, erklärt Camillo. Sigi Dörschel ist sein bürgerlicher Name, ein Mann mit grau meliertem Bart und braunen Augen, der ohne weiteres als Texmex durchgehen würde. Im richtigen Leben verkauft er Pilze, nein, »Schwammerl« sagt er, aber das wahre Leben findet hier statt – hier, auf dem Gelände des Cowboy Clubs München. »Wenn man reinkommt und das Cowboy- oder Indianergewand anzieht, ist man ein bisserl ein anderer Mensch«, sagt Sigi. Ganz ernst hat er gesprochen, mit versonnenem Blick, der sich augenblicklich in ein Glückslächeln verwandelt wie bei einem, der sich ganz zu Hause fühlt.

Dabei hat er gar keine Cowboykluft an. Die trägt er nur zu besonderen Gelegenheiten, bei Festen oder dem jährlichen Tag der offenen Tür, da herrscht dann Kostümpflicht. Möglichst authentisch soll die Kleidung sein, mit einem Faschingsgewand braucht hier niemand kommen. Neulich hat Sigi für ein Paar original Cowboysporen zwölfhundert Dollar hingelegt. Solche Preziosen trägt man nicht an Tagen, an denen man lediglich die Pferdeboxen ausmistet und die vereinseigenen Stuten Missy und Jessy füttert. Vielleicht ist auch noch eine Flasche Bier drin, in Gesellschaft von Camillo und Martin, den alten Westmännern, die seit mehr als fünfzig Jahren im Club sind.

Camillo hat soeben die Vereinschronik angeschleppt, ein Buch so dick wie der Oberarm Old Shatterhands, eingebunden in eine Schlangenhaut. Es ist ein kostbares Exemplar, eine Reliquie. Fred Sommer, der so etwas war wie der Häuptling der drei Vereinsgründer, hat es betreut. Man sieht, er hat sich alle Mühe gegeben, in seiner schönsten Schrift zu schreiben, Sütterlin mit schwarzer Tinte und Feder. Am Anfang in großen Lettern und etwas zweifelhaftem Englisch die Anrede: »Ladys and Gentlemens, Boys and Indians.« Und dann, zwischen Cowboyliedern, die er mit der Schreibmaschine getippt und eingeklebt hat, die Botschaft: »Am 12. April 1913 wurde der Cowboy Club München, früher Loos Verein Wild West, gegründet ... Der Name Wild West wurde gewählt, weil wie einst die Goldgräber im Wilden Westen nach den Schätzen der Erde gruben, auch wir gewissermaßen nach den Schätzen der Lotterie auf der Jagd waren.«

Ein wenig rätselhaft ist sie schon, die neunzig Jahre alte Cowboypoesie, weshalb sich Camillo aufgerufen fühlt, den Text zu deuten. Er hat sich inzwischen seines Unterhemds entledigt, was kann die Sonne der hageren Brust eines alten Trappers schon anhaben? Also, es war so: Die Sommer-Brüder und Fromberger wollten auswandern, nach Amerika, aber mit dem Geld für die Überfahrt haperte es. Die Zeiten waren nicht rosig, schon gar nicht für drei junge Burschen aus dem Kleineleutemilieu. Nie und nimmer hätten sie genug zusammenkratzen können, da mussten schon höhere Mächte helfen: das Glück, Fortuna. Sie gründeten besagten Losverein, zahlten Geld ein und nahmen an diversen Lotterien teil. Einmal, so hofften sie, würde ihnen das Schicksal gnädig sein, da würden sie den Haupttreffer landen, und dann nichts wie weg über den Großen Teich. Aber ach, »Fortuna war uns nie hold«, schreibt Fred später in die Chronik.

Es gibt ein Foto, darauf posiert Fred Sommer mit dem entschlossenen Blick eines Westernhelden, der keiner Gefahr aus dem Wege geht. Die Füße stecken in gespornten Lederstiefeln, lederne Beinschützer – »Schreib Chaps!«, sagt Camillo – bedecken die Schenkel, Hut, Halstuch, Revolvergurt – er hat alles, was ein Cowboy braucht. Fred und seine Freunde haben den Wilden Westen nach München geholt. Wozu also noch auswandern? War die Isar nicht genauso gut wie der Rio Grande, und waren die hiesigen Vorstadttrapper nicht ebenso verwegen wie die alten Westmänner? Vielleicht hatten einige der Münchner Cowboys noch Buffalo Bill gesehen, als er mit seiner Wildwestshow 1892 auf der Wiesn gastierte. Die

Pferde, die Planwagen, die Kunstschützen – das war doch etwas ganz anderes als das Leben in zugigen Arbeiterquartieren. Sie hießen Brunnhuber oder Reitenwieser oder Stadler, und ihre und viele andere Porträts hat Fred Sommer 1932 in die Chronik geklebt, ernst blickende Männer mit Cowboyhut oder Häuptlingsfedern, gezeichnet von Elk Eber, der leidenschaftlich den Indianern zugetan war und leider auch den Nazis.

Apachen-Sigi hat sich inzwischen in den Saloon verfügt, das Allerheiligste des Cowboyclubs. Stilecht ist hier alles, wie in einem Saloon um 1880: die Bar, die texanische Longhorn-Trophäe hinter dem Tresen, der mächtige Kopf eines Elchbullen an der Wand … »Halt«, sagt Sigi, »der ist eine Fälschung.« In Wirklichkeit sei das eine Elchkuh, die man nachträglich mit dem Schaufelgeweih ausgestattet habe. Egal. Hier zählt allein der gute Wille. Schließlich hatten sich die Münchner Cowboys eine Heidenarbeit gemacht, als sie Anfang der sechziger Jahre den Saloon selbst zusammenzimmerten. Der damalige Oberbürgermeister Hans-Jochen Vogel hatte dem Club das Areal an der Floßlände zur Verfügung gestellt. »Da waren Bombentrichter und Urwald, aber die US-Armee hat uns mit Bulldozern geholfen«, sagt Sigi, ehe er – verdammte Hitze – noch ein Bier holt, um für die nächste Frage gewappnet zu sein.

Wieso, bei Manitu, kommt er als Cowboy zum Namen Apachen-Sigi? »Ganz einfach, weil ich als Apache angefangen hab'.« Von Anfang an herrschte im Club eine friedliche Koexistenz zwischen Cowboys und Indianern, man muss sich nur entscheiden, ob man dies sein möchte oder das – oder beides, was auch geht. Sigi ist später zu den

Cowboys übergelaufen, aus praktischen Gründen: »Im Winter mit Mokassins und Lendenschurz herumzulaufen, war irgendwann nichts mehr in meinem Alter.« Möglicherweise war dies ein Fehler, denn die Rothäute von der Floßlände sterben langsam aus. »Recht viel mehr als drei haben wir nimmer«, sagt Sigi. Um Indianer zu werden, genügt es bei weitem nicht, sich einfach eine Hühnerfeder ins Haar zu stecken, nein wirklich, das Kostüm muss schon original sein, und »an einem indianischen Perlenhemd stickst du schon ein Jahr hin«. Solche Opfer bringt kaum noch einer, da wird man lieber Cowboy.

Als solcher hat sich Sigi aufs Messerwerfen spezialisiert, die bekannte Zirkusnummer: Einer stellt sich vor eine Holzwand und wird mit Messern eingerahmt. Seit zehn Jahren macht er das, und bisher sind alle seine Delinquenten unversehrt davongekommen. Ebenso tadellos üben die Peitschen- und Lassovirtuosen des Vereins ihre Kunst aus, jedenfalls ist nichts Gegenteiliges bekannt. In Gefahr geriete ein Gast nur, würde er die Cowboys von der Floßlände etwa als schießwütige Pistolero-Truppe ansehen. Da kennt der Sigi kein Pardon: »Wenn einer zu uns kommt, angezogen wie im Italowestern, und als Erstes fragt: ›Krieg ich einen Revolver?‹ – dann ist der gleich wieder draußen.« Andererseits ist das Schießeisen nicht gänzlich verpönt, nur dient es mehr dekorativen Zwecken: Ohne Colt wäre ein Cowboy doch irgendwie nackt. Wer aber den Revolver zieht, und sei er ungeladen, zahlt fünfzig Euro.

Unterdessen – die Sonne steht tief im Westen, dem Ziel aller Träume – ist die Square-Dance-Truppe eingetrudelt. Spätestens jetzt muss es raus:

Es gibt auch Frauen unter den fünfundachtzig Clubmitgliedern, und das nicht zu knapp. Beim Square Dance sind sie hoffnungslos in der Überzahl, so dass einige von ihnen einen Hut aufsetzen müssen, um als Mann zu fungieren. Aus dem Lautsprecher quiekt eine Fiddle im Zweivierteltakt, dazu die Stimme des Callers, der die Tanzfiguren befiehlt, etwas von right und left und pretty girls ist zu vernehmen, und die beiden einzigen Herren geraten ins Schwitzen. Sind eben auch nicht mehr die Jüngsten. Es ist, Gott sei's geklagt, nun leider bittere Wahrheit, dass nicht nur die Indianer aussterben. Auch die Cowboys leiden schwer an Überalterung. Die jungen Leute, klagt eine der Tänzerinnen, haben andere Helden. »Die Kinder spielen heutzutage nicht mehr Cowboy und Indianer, die spielen Star Wars und so Sachen.«

An einer Wand des Saloons, unter dem wolligen Kopf eines Bisons, hängen die Porträts der drei Gründer, fast als wären sie Heilige. Links und rechts die Vitrinen voller Wildwestdevotionalien, die Fred Sommer gesammelt hat: eine Sioux-Weste, Friedenspfeifen, Mokassins, Federhauben, Uniformen aus dem amerikanischen Bürgerkrieg, ein handsigniertes Bild von Buffalo Bill, John Waynes Hutband, mexikanische Sporen und so weiter. Fred Sommer hatte einen berühmten Sohn: Sigi Sommer, den Schriftsteller. Eines Tages hat er aufgeschrieben, wie das war mit dem Herrn Papa, dem »großen Häuptling Abendwind«. Wie er von Sitting Bull erzählte und von General Custers blutigem Ende am Little Big Horn, und wie sie einmal, Vater und Sohn, mit dem Colt die eigene Wohnung verwüsteten. Fred hatte sich selbst Englisch beigebracht und korrespondierte mit richtigen Indianern aus Arizona, wobei er einen regen Tauschhandel über den Atlantik in Schwung brachte.

Es ist, als würde man ihn vor sich haben, den großen Häuptling Abendwind aus der Münchner Vorstadt, der wehmütig vom Wilden Westen träumt. Irgendwie ist das eine Sehnsucht, die in München einst besonders gut gedieh. Anfang der siebziger Jahre hatte es einen anderen erwischt, den Tscharlie aus Helmut Dietls Vorabendserie »Münchner Geschichten«. Auch er ein Vorstadtstrizzi, der von Nächten unterm Präriehimmel träumt, von Bohnen aus der Dose und einer Blechtasse voll Whisky, und der auf dem langen Weg nach Sacramento am Isar-Ufer strandet. So wie Fred, wie Sigi, wie Camillo. Und Martin wird die Nacht wieder im Zelt verbringen, nicht weit vom Rio Grande, der träge hinterm Auwald Richtung Mexiko fließt.

Der Duft der Großen Ferien

Manchmal springt einen ein Wort an wie ein junger Hund, der sich einen Spaß daraus macht, fremde Leute abzuschlecken, und wenn es einen erwischt, denkt man: Warum der Hund, warum nicht die nette Stenotypistin aus dem Büro? Pardon, das führt jetzt auf Abwege, wir wollten ja über das Wort sprechen. Neulich ist es wieder passiert, als Theo des Weges kam, der alte Schulfreund, der gerade von einem Thailandurlaub zurückgekehrt war und nun einen Urologen aufsuchte. »Supersache dort unten«, jauchzte er. »Und was machst du in den Großen Ferien?« Das war's: die Großen Ferien! Hatte ich ewig nicht mehr gehört. Urlaub, klar, davon ist dauernd die Rede, und wehe, man fährt nicht fort, nach Bangkok, Malaga oder wenigstens zum einwöchigen Survivaltraining in mallorquinischen Diskotheken. Aber die Großen Ferien – das ist etwas ganz anderes. Da steigt etwas hoch, was lange verschüttet war: das Gefühl, Zeit zu haben, Zeit im Überfluss. Man rennt aus der Schule, und vor einem liegt ein ganzer großer Sommer. Endlos scheint der zu sein, so dass man aller Pflichten ledig ist, keine Hausaufgaben, kein Unterricht, und an jedem Morgen flüstert eine Stimme: Dies ist dein Tag, die Sonne scheint, die Wiesen duften nach frisch gemähtem Gras – mach, was du willst!

Damals gingen wir ans Wehr, in Pasing, an der Stadtgrenze, wo das Würmwasser in einen kleinen Seitenbach abgeleitet wird. Zwölf, dreizehn

Jahre waren wir alt, und Theo imponierte den weiter flussabwärts badenden Mädchen, indem er seinen Kopf in den Wasserfall steckte, der uns mächtig und gefährlich vorkam. Rauschend stürzte die Flut auf den Betongrund, wie eine Nebelwolke schwebten mikrobenfeine Tröpfchen in der Luft, die feucht war und warm wie am Mississippi. In der Nähe lag eine kleine Insel. Als wir sie durchs seichte Wasser erreicht hatten, gab es keinen Zweifel mehr: Das ist nicht die Würm, das ist wirklich der Mississippi, und Theo ist Tom Sawyer und ich bin Huckleberry Finn. Wir würden für immer auf der Insel bleiben, Grashalme kauend in der Sonne liegen, Mücken klatschen und gefährliche Abenteuer bestehen. Manchmal würde der Wind den frischen Tröpfchennebel vom Wehr herüberwehen, wo er in der flirrenden Hitze verdunstet. Die Mädchen drüben am Ufer – doof sind sie und unnütz. Was wissen die vom Mississippi!

Eines Tages ist Theo in eine Glasscherbe getreten. Ein Fetzen Fleisch hing an seinem Fuß, lose an der Haut baumelnd. Wir durften nicht mehr zum Fluss. Im folgenden Jahr sind wir nach Italien gefahren. Später dann: die TUI-Urlaubsparadiese von Rarotonga bis zum Packeis – nirgendwo war ein Sommerland, wie das am Pasinger Mississippi-Ufer. Die sirrenden Wiesen, die Gischt am Wehr, das Gestrüpp auf der Insel – das waren die Großen Ferien.

Wo München am Ende ist

Vierzig Jahre Hasenbergl: Impressionen aus einem Stadtteil, der keinen guten Ruf genießt und in dem sich viele Menschen trotzdem wohl fühlen

Angeblich heißt er Uno, angeblich ist er sechzehn, und er spricht ein astreines Türkbayerisch, etwa zehn Silben pro Sekunde. Doch jetzt hält er einen Moment inne, weil ihm eine wichtige Frage einfällt: »Würden Sie da in der Nacht alleine durchgehen?« Uno deutet hinter sich, wo zwei Wohnblöcke und eine Wiese im Dämmerlicht liegen. Die Antwort wartet er gar nicht erst ab. »Viel zu gefährlich! Das ist die Bronx.« Janine und Hampo, die mit Uno an der Wintersteinstraße herumlungern, nicken eifrig: »Eine Gangsterstraße!« Nanu, das hat am Nachmittag aber ganz anders geklungen. Es war im Wohnzimmer der Familie Beyer, und die Hausfrau geriet ins Schwärmen über das gute Leben auf dem Hasenbergl: »Ich fühl' mich so wohl hier, es ist so herrlich, das viele Grün, die Wiesen, der Wald, und die Leute sind so nett.« Unfassbar, woher der schlechte Ruf komme. Das war der Moment, als ihr Mann eingriff: »Vorsicht! Du redest gerade die Miete hoch.« Der Witz saß, Herr Beyer musste selbst lachen. Die Bronx? Von hier aus ist sie ewig weit weg. Man müsste sie auf dem Globus suchen, der auf der Kommode neben der geblümten Sitzecke steht.

Später kramt Fritz Beyer einen Artikel der *Bild-Zeitung* hervor, über den er sich geärgert hat. »Hasenbergl – Ein schlechter Ruf wird 40« stand da. Immer dieselbe Geschichte – den üblen Leumund wird das Viertel nicht los. Beyer, der als technischer Angestellter tätig ist, hat sich daran gewöhnt, wie man auf seine Adresse reagiert: »So, Sie wohnen am Hasenbergl? Sieht man Ihnen gar nicht an.« Dabei leben die Beyers schon seit Anfang der sechziger Jahre in dem Block an der Linkstraße. Sie waren vor dem Bau der Mauer aus der DDR geflüchtet, irgendwie hatte es sie nach München verschlagen, wo das Paar eine Wohnung in einem der ersten Häuser am Hasenbergl bekam.

Hasenbergl – keine Ahnung hatten sie, wo das war, und als sie damals mit dem Bus in das Ödland im Münchner Norden fuhren, wäre Helga Beyer beinahe trübsinnig geworden: »Mein Gott, hab' ich mir gedacht, hier sagen sich ja Füchse und Hasen ›Gute Nacht‹.« Die miese Stimmung hat ihr Mann abgekriegt: »Wohin, um Himmels willen, verschleppst du mich?« Fritz Beyer hat sie beruhigt und gesagt, dass hier ja noch gebaut und alles ganz schön werde. Über die Wohnung waren sie dann froh: weil man keine Kohlen mehr schleppen musste, weil es ein Bad gab, eine separate Toilette – auf dem Land, wo Helga Beyer aufgewachsen war, gab es das nicht.

Vor vierzig Jahren hat der damalige Oberbürgermeister Hans-Jochen Vogel (SPD) den Grundstein gelegt. Dort, wo heute die Post steht, feierte man am 25. Mai 1960 den Beginn der Bauarbeiten, und der OB sprach von einem »neuen Münchner Stadtteil«. Fünftausendfünfhundert Wohnungen waren geplant, modern sollten sie sein, komfortabel, doch nicht luxuriös. Waren schließlich fast alles Sozialwohnungen, für junge Familien, Flüchtlinge, Heimatvertriebene und für Leute, die es nach München zog. Das waren viele. Von 1950 bis 1972 wuchs die Einwohnerzahl um mehr als eine halbe Million. Wohnungen mussten her, an der Peripherie entstanden Trabantenstädte. Die Siedlung »Am Hasenbergl« war eine der größten. Wohnraum für achtzehntausend Menschen sah der Entwurf der Architekten Helmut von Werz, Ernst Maria Lang, Johann Christoph Ottow und Fritz Vocke vor. Auf dem ehemaligen Exerzierplatz an der Schleißheimer Straße rückten die Bagger an.

Ein Sommernachmittag, die Luft flirrt, der laue Wind streicht durch die Bäume, die die Fassaden verdecken. Man kann die Augen schließen und sich wundern: Warum ist alles so ruhig? Als würden gleich die Karnickel über die Wiesen hoppeln wie vor dreihundert Jahren. Einst haben hier die bayerischen Kurfürsten Kaninchen gejagt, die man zuvor ausgesetzt hatte. »Küniglberg« hieß der Lehmbuckel im 17. Jahrhundert, was vermutlich von »Künnlin« (Königshase) abgeleitet war. Im 19. Jahrhundert bürgerte sich der Name Hasenbergl ein. Von dem Hügel ist kaum was übrig geblieben, die Bauarbeiter haben ihn platt gemacht, Häuser darauf gesetzt, Wiesen angelegt – Schauplätze idyllischer Momente: Drei türkische Frauen hocken Kirschen essend in der Wiese, hinter ihnen flattert die Wäsche; ein Bub im Galatasaray-Trikot jongliert mit dem Ball – so viel Gefühl im Fuß hat kein deutscher Nationalspieler. Grauhaarige Damen führen ihre Hunde aus, sie haben sich fein gemacht für die Promenade durch Hasenbergl-Süd. Beigefarbene Blusen, cremefarbene

Kostüme – es ist der Chic derjenigen, die nicht auffallen wollen, die gutbürgerliche Garderobe, mit der man in ein gehobenes Café gehen könnte, wenn es eines gäbe.

Im Norden, an der Wintersteinstraße, herrscht eine andere Kleiderordnung: Jeans, Schlabber-T-Shirts, zerschlissene Turnschuhe. Oder aber Kopftuch und weite orientalische Röcke. Zwei Mütter beaufsichtigen qualmend ihre Kinder. Wenn sie das lange Kräuselhaar nach hinten streichen, sieht man die Tätowierungen auf dem Oberarm. Ein Bier haben sie auch dabei. Weiß der Himmel, was die Nacht bringt: Vielleicht kommt der Mann nach Hause, wütend oder besoffen, vielleicht brüllt er herum oder schlägt zu. Oder es gibt Zoff in der Nachbarwohnung. Aber noch scheint die Sonne auf den verwitterten Hausanstrich, auf die Garagenfronten voller Graffiti, auf die Schrebergärten hinter den Blöcken, auf die Supermarkteinkaufswagen, die überall herrenlos herumstehen. Was Hampo, Uno und Janine gerade tun? Zu sehen sind sie nicht. Am Vorabend hat der siebzehnjährige Hampo seinen Alltag beschrieben: »Rumhängen, Horrorfilme anschauen. Schreiben Sie, wir sind pervers!« Das klang so, als wollte er sagen: Hey, ihr glaubt ja doch, wir seien alle Asoziale, und jetzt tun wir euch den Gefallen und führen uns auch so auf. Wir wollen euch ja nicht enttäuschen.

Wie ein Gutsherr schreitet Rainer Großmann durch das Rubinienwäldchen, das in die Jahre gekommen ist. Die ersten Bäume sterben ab, man muss neue pflanzen. Ist kein Problem, sagt Großmann, der bemüht ist, das Hasenbergl in ein mildes Licht zu tauchen. »Man lebt hier im Grünen«, frohlockt er; Zug um Zug würden die Häuser saniert, da und dort baue man neue. Großmann ist Bezirksausschussvorsitzender und als solcher fürs Hasenbergl zuständig. Zudem wohnt er hier und könnte ein gutes Beispiel für seine eigene These abgeben: »Die meisten Hasenbergler gehören zur normalen Mittelschicht.« Ist ja auch wahr: Die Bewohner der ersten Generation waren knapp bei Kasse, sonst hätten sie keine Sozialwohnung bekommen. Aber etliche machten Karriere, kamen zu Geld, und wer dem Viertel treu geblieben ist, zahlt eine Fehlbelegungsabgabe. Man fährt die gleichen Autos, hat die gleichen Gardinen und die gleichen Möbel wie im übrigen München. Auch hier herrscht die Banalität des Alltags, das Leben ist geregelt und abgesichert, jedenfalls bei den meisten. »Eine Siedlung, in der es sich leben lässt«, sagt Großmann.

Wenn bloß der schlechte Ruf nicht wäre! Woher der kommt? »Vom Frauenholz«, antwortet Großmann. Dort, im Norden des Hasenbergls, war im Dritten Reich eine Barackensiedlung des Reichsarbeitsdienstes. Nach dem Krieg bezogen ehemalige Zwangsarbeiter die Baracken – »Displaced Persons«, Verschleppte aus Russland oder der Ukraine. Es heißt, sie hätten gestohlen und Schwarzhandel betrieben. Anfang der fünfziger Jahre quartierten die Behörden Obdachlose und Vertriebene ins »Städtische Wohnlager Frauenholz« ein. Bis zu fünftausend Menschen lebten in den fünfundsiebzig Baracken. Es war ein Slum, ein Elendsquartier. Logisch, dass die Kriminalität gedieh. Später wurden Häuser gebaut, mit einer Toilette für sechs Familien und Badewannen im Keller. Wer konnte, zog weg. Die heutigen Notunterkünfte wurden in den siebziger Jahren errichtet. Hier leben vorwiegend Menschen, die als Obdachlose gelten. Viele von ihnen sind Ausländer. Auch Uno haust hier. »Eine Grattlerstadt«, sagt er. Überall Ratten und Rattengift. Und Müll. Wenn ihn Freunde besuchen, schäme er sich.

Hampo hat erzählt, dass hier überall die Spritzen rumliegen. Heroin und so. Wahrscheinlich ist das nicht mal übertrieben, sagt Fritz Jäger, Sozialpädagoge im Caritas-Zentrum München-Nord. »Von denen, die zu uns kommen, haben viele Alkohol- und Drogenprobleme. Und viele sind auch nicht mehr therapierbar.« In den Notunterkünften kumulieren die Probleme. Oft sei es fürchterlich, was die Bewohner berichten: von Nächten, in denen man kein Auge zutut vor lauter Lärm; von Krankheit und Sucht; vom Vandalismus, der sich in den Anlagen austobt; von Arbeitslosigkeit, Geldmangel und dem Gerichtsvollzieher, der die schönen Dinge aus dem Versandkatalog wieder mitgenommen hat, weil man sie nicht bezahlen konnte. Das alles hört Jäger, und hin und wieder kann er was tun, und häufig ist er machtlos. Trotzdem sagt er: »Wie ich von der Polizei gehört habe, ist es nicht so wahnsinnig viel. Aber wenn was am Hasenbergl passiert, wird es ausgeschlachtet.«

Albert Kail lehnt sich bequem in den Stuhl zurück, die Hosenträger spannen sich über den Bauch. Eigentlich ist das der Schreibtisch des Pfarrers, aber Kail darf das. Seit zehn Jahren ist der Rentner Kirchenpfleger der katholischen Gemeinde St. Nikolaus. Ihr Kirchturm ragt wie eine Speerspitze in den Himmel, und bei einem flüchtigen Blick erinnert er an den Turm einer Moschee – als hätte der Architekt Hansjakob Lill geahnt, dass einmal viele Muslime auf dem Hasenbergl wohnen würden. Näher liegend ist, dass er an die protestantische Evangeliumskirche gedacht hat, die gleichzeitig in der Nachbarschaft entstand. Ein schönes ökumenisches Nebeneinander bilden die beiden Gotteshäuser – war fast revolutionär zu Beginn der sechziger Jahre.

Kail kümmert sich um vieles. Zählt das Geld aus dem Klingelbeutel, bringt es zur Bank. 1963 hat er hier eine Wohnung gefunden, achtundsechzig Quadratmeter für dreihundertsechzig Mark Miete. Heute zahlt er mehr als das Doppelte. Längst lebt er allein in seinen drei Zimmern; die Frau ist gestorben, die Kinder sind aus dem Haus. Nein, am Hasenbergl wohnen sie nicht. Rainer Großmann würde es mit Stirnrunzeln hören. »Es besteht die Gefahr, dass das Viertel veraltet.« Einem Bericht des Planungsreferats zufolge liegt der Anteil der Fünfundsechzigjährigen bei rund neunzehn Prozent. Gäbe es die Ausländer nicht, wäre die Rate noch höher. Meist sind es türkische oder jugoslawische Kinder, die sich auf den Spielplätzen vergnügen. Junge deutsche Familien verdienen in der Regel zu viel, um eine Sozialwohnung am Hasenbergl zu erhalten. Der Anteil der Hasenbergler aus dem Ausland hat sich von 1987 bis 1997 von zwölf auf sechsundzwanzig Prozent erhöht.

Seit 1993 ist das Hasenbergl »Sanierungsgebiet«. Die Stadt will die öffentlichen Räume verschönern, das Wohnungsangebot erweitern, die Infrastruktur verbessern. »Wir möchten die Leute zurückholen«, sagt Großmann. Leicht ist das nicht. Die sechsundfünfzig neuen Eigentumswohnungen in der Kienestraße sind von den Kindern des »Monte Karnickel« verschmäht worden. Die neuen Mietwohnungen in der Petrarcastraße kommen angeblich besser an. An der Aschenbrennerstraße ist das Einkaufszentrum erneuert worden. Die »Junge Arbeit«, ein Projekt für arbeitslose Jugendliche, war daran beteiligt. Sogar ein italienisches Restaurant ist dort eingezogen. Nach ein paar Monaten hat der Wirt dichtgemacht.

Wenn der Abend dämmert, gibt es keinen trostloseren Platz als das Geschäftszentrum vor dem »Mathäser«. Nicht mal mehr die armen Teufel sind da, die sich tagsüber am Brunnen mit Dosenbier voll laufen lassen und pausenlos schimpfen. Fahle Funzeln beleuchten die Galerie um die Geschäfte, die seit Stunden geschlossen sind. Im Mathäser spielen ein paar Männer Karten, im benachbarten Café ist jemand mit dem Spielautomaten beschäftigt. Am Nachmittag, im Wohnzimmer, hatte sich Eva Beyer beklagt, dass es hier kein schönes Lokal gebe zum Kaffeetrinken und Kuchenessen. Das war eine dieser kritischen Bemerkungen, um deretwillen sie gebeten hatte, ihren Namen nicht zu nennen. In Wirklichkeit heißen die Beyers anders. Einmal ist Eva Beyer mit ihrem Enkel spazieren gegangen, und das Kind hatte jubiliert, weil es hier so ruhig ist. »Klar, wir sind ja auch ein Altersheim«, hat Frau Beyer gesagt. In ihrem Block gab es mal sechzig Kinder; jetzt sind es zwei oder drei. Trotzdem: »Mir gefällt's. Eines Tages werden sie mich hier raustragen.« Janine, die Fünfzehnjährige aus dem Volk der Sinti und Roma, hat auch so was gesagt. »Ich möchte gar nicht weg. Hier kenne ich wenigstens die Leute. Wenn man weg ist, vermisst man den Müll auf der Straße.« Aber Janine lebt im Norden. Das ist ein anderes Hasenbergl. Es gibt zwei. Mindestens zwei.

Vierspänner in die Vergangenheit

Eine andere Zeit, eine andere Stadt: Als einer der letzten Bierkutscher war Franz Demmel fast zwanzig Jahre lang in München unterwegs

An manchen Tagen packt Franz Demmel die Sehnsucht. So kräftig packt sie zu, dass es ihn nicht mehr in seiner Wohnung in Moosach hält, nein, er muss raus aus der Stadt, die Autobahn Richtung Süden, auf den Irschenberg. Er steuert einen Bauernhof an, steigt aus, plaudert ein paar Worte mit dem Landwirt. Schon geht es los: Pferde wiehern. Lustig, fröhlich wiehern sie, als würden sie lachen. Als wollten sie von weitem signalisieren, hey, die Stimme kennen wir, unser alter Freund ist wieder da. Und schon ist Demmel bei ihnen, hat Zucker dabei und Gelbe Rüben.

So ist das, wenn Demmel die Sehnsucht packt. Aber jetzt mal langsam. Wir sind nicht auf dem Irschenberg, wir sind in Moosach, und Demmel, auf dem Sofa sitzend, kramt in Kuverts voller Fotos. Pferdegespanne sind da drauf, teils mit schimmerndem Gepränge, teils ungeschmückt. Auf dem Kutschbock posierend ein Mann, dessen Haar grauer und schütterer ist, je jünger die Fotos sind. Demmel natürlich. Die ältesten Bilder, wasserfleckig zuweilen und die Ecken angestoßen, zeigen Szenen einer versunkenen Welt. Damals, in den fünfziger Jahren, hat er Bier mit dem Fuhrwerk transportiert. Dreißig, vierzig Fässer waren auf dem Wagen gestapelt, und damit ging es durch die Stadt.

Jetzt, beim Stöbern in den Fotos, fallen dem Dreiundsiebzigjährigen die alten Geschichten wieder ein. Zuletzt die mit den fröhlichen Pferden auf dem Irschenberg. Aber die spielt ja in der Gegenwart. Ist ja noch nicht vorbei, das Leben, bloß weil man in Rente ist. Auch wenn der Abschied wehgetan hat. »Wenn man so viele Jahr mit die Viecher beisammen war, dann is des ned leicht.« Wie er das sagt! In einem weichen Bairisch, vornehm fast, mit einem Anflug von Rührseligkeit in der Stimme. Dann huscht ein Lächeln über sein Gesicht, und es ist, als würde er von seinen besten Freunden erzählen. Aber das sind sie ja vielleicht, die Rösser.

Franz Demmel war Bierfahrer. In den letzten Jahren seines Berufslebens ist er am Steuer eines Lkw gesessen, hinten auf der Ladefläche die Fässer. Aber das war nicht mehr ganz seine Welt. Die endete 1970. Da ist er zum letzten Mal mit dem Fuhrwerk auf die Schwanthaler Höh' gefahren, vor ihm gingen die Rösser, gemächlich, bedächtig, ein Ärgernis für die Autofahrer, die es eilig hatten, verdammt eilig. Fast zwanzig Jahre war er mit so einem Gespann durch München gezockelt, und »allmählich hat ma dann gmerkt, es is wirkli nimmer schee«. Bald wusste er, dass es so nicht weitergehen würde. Dass die Pferdewagen nicht mehr in die Stadt passten, die eine Autostadt geworden war. Auch ist es den Brauereien zu teuer geworden, eigene Stallungen zu unterhalten. Das war das Ende einer Ära, und der Schnitt ging mitten durch Demmels Leben.

Demmel war einundzwanzig, als er nach München kam. Von einem Verwandten hatte er gehört, dass sie beim Löwenbräu einen Bierkutscher suchten. Demmel fuhr in die Stadt, um sich vorzustellen. Als Erstes wollte der Fahrmeister wissen, ob er mit Pferden umgehen könne. Und ob er das konnte! Auf dem Einödhof, wo er aufgewachsen war, hatten sie immer Rösser, die zogen den Pflug, die Mähmaschine, den Erntewagen. »Scho mit zwoa Jahr bin i hinta die Ross hergrennt.« Da gab es den Fritz, »des war a Hengst, a ganz a lustiger«, es gab die Fanny oder die Liesl. Und zwölf Geschwister, die gab es auch auf dem Gehöft bei Fischbach in der Rosenheimer Gegend. Viel warf die Landwirtschaft nicht ab; die Kinder mussten mithelfen, raus aufs Feld, kaum dass der Schulunterricht vorbei war. »Da hast ois mitmacha miassn. Hinterm Pflug nachlaufa, wo du 'n kaum hast hebn kenna, aber mei, koana hat danach gfragt.«

Demmel hatte ältere Brüder, die würden irgendwann den Hof übernehmen. Für ihn gab es dort keine Zukunft. Beinahe hätte er noch in den Krieg müssen. Der Befehl war da, aber ehe er ausrückte, war Hitlers Wehrmacht besiegt. Franz kam bei einem Onkel in Holzhausen unter. Der hatte eine Landwirtschaft und Pferde, ganz so wie auf dem Einödhof. 1950 hat der Onkel einen Bulldogg gekauft. Die Rösser brauchte er nicht mehr. »Da war i ned recht einverstanden«, sagt Demmel. Einige Monate später zog er nach München. »Ungern, weil ich wollt ja a Bauer wern.« Die Stadt schien nichts Rechtes zu sein für einen, der das Land liebte, die Berge, die Felder, die Tiere. Aber München bot Arbeit und Verdienst. Fünfzig Mark in der Woche zahlte Löwenbräu dem jungen Bierfahrer, dem man anfangs vor allem die Eisbarren anvertraute, die in den Wirtshäusern das Bier kühlten. München 1951: Im Rathaus regierte Thomas Wimmer, ein schlitzohriger Sozialdemokrat, der sich für den Wiederaufbau der Altstadt einsetzte und überdies Unsterblichkeit erwarb mit seinen Rama-dama-Aktionen und der Erfindung des zeremoniellen Wiesnbier-Anzapfens. Die Stadt hatte rund achthunderttausend Einwohner, Tendenz steigend. Wohnungsnot herrschte. Noch säumten Kriegsruinen die Straßen, längst waren nicht alle Trümmer beseitigt. Das hatte Folgen für die Bierfahrer: »Wir habn jeden Samstag Schutt gfahrn«, sagt Demmel. Jedes Pferd wurde gebraucht, und die Kutscher auch.

Siebzig Rösser standen damals in den Löwenbräu-Stallungen an der Gabelsberger Straße. Eine Schmiede hatten sie, eine Sattlerei und Baracken für die Junggesellen. In der ersten Zeit bezog Demmel darin Quartier. Um fünf Uhr früh ist er in den Stall gegangen, um seine Pferde dienstfertig zu machen. Die hießen Peter und Paul, »zwoa Münsterländer, sehr guade Ross«. Eine Stunde später wurde eingespannt, dann ging's zur Brauerei am Stiglmaierplatz, wo man das Fuhrwerk belud. Zwei Jahre dauerte es, bis Demmel vom Flaschen- und Eisklotzkutscher zum Fassbierfahrer avancierte.

Seine Tour ging raus nach Moosach, zum »Alten Wirt«, zum »Spiegelwirt« und wie sie alle hießen. Dort kannten sie ihn schon. »Des war so richtig familiär mit dene Wirt früher.« Beim einen gab es eine Brotzeit, beim anderen Bier, selbst die Kramerleut opferten ein Trinkgeld. »Was a bissl a guada Wirt war, der hat di gfragt, magst des oder magst des. Wenn i nach Moosach gfahrn bin, da hab i am Tag scho meine vier, fünf Maß zsammbracht. Des hat dir nix ausgmacht, du hast ja a fest g'arbeit. Du hast die Fässer runter vom Wagn, hastas in Keller nei, die oiden vor, die frischen hinter, die leeren wieder rauf.« Manchmal ist er auf dem Rückweg eingenickt, aber das war egal. Die Pferde wussten den Weg, die kannten jede Wirtschaft, vor der sie anhalten mussten, und am Leonrodplatz stand der Schutzmann, der ihn weckte: »Jetzt hast fei nimma weit hoam, jetzt werds Zeit, dass d' aufwachst.«

Demmel hat sich eisern an das gehalten, wozu ihn der Fahrmeister anfangs ermahnt hatte: »Schnell arbeitn und langsam fahrn – dann habn S' oiwei guade Ross.« Leider nahm man es beim Löwenbräu mit dem Feierabend nicht so genau, weshalb sich Demmel in schönen Sommernächten im Biergarten am Flaucher wiederfand, wo er Eis abladen musste. Für einen Junggesellen wäre das noch angegangen, aber inzwischen hatte er geheiratet – eine Wirtstochter –, und die Gattin begann zunehmend kritisch zu fragen, wozu sie das Jawort gegeben habe, wenn der Mann nur zum Schlafen heimkomme. Demmel war gezwungen, eine neue Arbeit zu suchen. Er fand sie in der Hacker-Brauerei. Dort standen nur sechzehn Pferde im Stall, dafür pflegte man die Arbeitszeit familienfreundlicher zu gestalten. Zudem durfte er sein Fuhrwerk auf die Wiesn lenken, was in Bierfahrerkreisen als Ritterschlag gilt. Damals, 1959, enthielten die Fässer, die von Prachtgespannen aufs Oktoberfest gekarrt wurden, wirklich Bier. Das änderte sich ein paar Jahre später. Seitdem fotografieren Japaner und andere Wiesnbesucher Bierwagen, die Luftfässer befördern.

Demmels neues Revier war das Westend. Siebenundzwanzig Gaststätten klapperte er ab, und kaum ein Wirt gab jemals eine Bestellung auf. Wozu auch? Demmel inspizierte selbständig die Keller und tauschte die leeren Fässer gegen volle. Aber jetzt war keine Zeit mehr für eine Maß oder eine Brotzeit. Draußen blockierte das Fuhrwerk den Verkehr, und manchmal beschädigte der Huf eines nervösen Pferdes den Lack eines Autos.

München hatte sich verändert. Seit 1960 saß der agile Hans-Jochen Vogel im Rathaus, an der Peripherie entstanden Trabantenstädte, man war Millionenstadt und huldigte dem Auto. Es war wie überall: Man glaubte an den Fortschritt, an Beschleunigung, ans Tempo. Pferde, die Fässer transportierten – das war nur etwas für die Reklame, die ein ebenso idyllisches wie verlogenes Bild der Münchner Gemütlichkeit zeichnete. Dem Betriebswirt moderner Prägung war allein die Vorstellung ein Gräuel, jemand rollt behutsam mit dem Fuhrwerk durch die Stadt, lädt da und dort Fässer ab, ratscht bei einer Brotzeit mit dem Wirt und nickt auf der Heimfahrt ein. »Heute«, sagt Demmel, »schreibt die Uhr mit. Ois steht da drauf, wie lang du brauchst, wann du hifahrst, wann du wegfahrst. Und wenn der Wirt sagt: ›Kommts nei, machts a Brotzeit‹, dann heißts: ›Na, mir habn koa Zeit.‹«

Eines Tages im Jahr '70 stand er mit dem Lastauto vor den Wirtschaften im Westend. Hacker hatte die Bierkutscherei eingestellt. Die Gäule kamen zu einem Bauern, zur gelegentlichen Verwendung bei festlichen Anlässen. Nur die Spaten-Brauerei stemmte sich gegen den Trend. Bis Mai 1995 belieferten ihre Fuhrwerke Gaststätten in Neuhausen und am Olympiagelände. Da war

Demmel schon drei Jahre in Pension. Das heißt, mehr in Halbpension, denn Wiesngespanne ist er noch bis ’99 gefahren. Viele Fotos hat er davon. »Schaun S’ her.« Tatsächlich, Demmel auf dem Oktoberfest. Vor dem Wagen sechs Rösser, jedes ein Riesentrumm. Sie zu lenken, ist eine Kunst für sich. Drei Zügel in der linken Hand, drei in der rechten, separat zwischen den Fingern. »Da brauchst a Kraft«, sagt er. Und dann, leiser: »Die Kraft ist nimmer da.«

Der Takt der Tradition

Nächstes Jahr treten die Schäffler wieder auf – ein paar von ihnen arbeiten bis heute in dem alten Beruf des Fassmachers

Es ist eiskalt unter dem Dachgebälk der Speicherhalle, und aus fünfundzwanzig Männermündern dampft der Atem, als würden die Herren im Schneesturm einen Berg erklimmen. Jemand setzt den Radiorecorder, Typ Ghettoblaster, in Gang, die Musik dröhnt durch den Raum. Schallwellen brechen vor einer Barrikade aus alten Wirtshausschildern, ausrangierten Spülbecken, Tischen, Schränken und sonstigem Gerümpel. Wäre nicht unpassend, jetzt ein paar Rapper vom Hasenbergl auflaufen zu lassen, ein Drum-'n'-Bass-Groove würde aus den Lautsprechern wummern, und die Boys, dicke Ketten um den Hals, sehr cool, verrenkten rhythmisch ihre Arme und Beine und rotierten auf dem Kopf. Ghettokids in der Verlorenheit gottverlassener Industriebauten? Aber nein, so ist es ja nicht. Hier drehen sich andere Typen im Kreis. Männer wie Christian Baumann, Busfahrer. Oder Thomas Heubeck, Elektriker. Oder Christian Härtl, Brauereikaufmann. Oder Jörg Schnepper. Der ist was ganz Besonderes hier. Einer der letzten seiner Art: Schäffler, Fassbauer. Und das, was man auf diesem Dachboden probt, ist sein Tanz: der Münchner Schäfflertanz. Ein komplizierter Reigen zur Blasmusik von der CD. Gesungen wird nicht dazu, aber es gibt einen

Text, der schwirrt einem im Kopf herum: »Aba heit is koid, aba heit is koid …« Stimmt. So ist es.

Ein paar Wochen noch, dann geht es wieder los. Dann klingelt der Wecker früh um sechs oder halb sieben, und vielleicht geht es allen so wie Jörg Schnepper: »Manchmal denk i mir: Leck mi am Arsch, jetzt muss i scho wieder aufstehn und hupfa.« Ja, er muss. Muss in die Schulen fahren, muss zu Betrieben, Behörden, zum Zirkus Krone oder zu einem Faschingsball. Und dann tanzen sie. Vom Morgen bis spät in die Nacht. Hier gibt's ein Bier, dort einen Schnaps, »außer Weißwürscht und Krapfn kriegt man vier Wochen gar nix zu essen«, sagt Schnepper. Und weil das Bier und der Schnaps ihre Wirkung tun, muss jeder Tanzschritt sitzen, »muss die Sache in Fleisch und Blut übergehen«.

Deshalb sind sie hier, unter dem Dach eines Backsteinbaus der Augustiner-Brauerei, wo die Brauer früher Gerste gelagert haben und jetzt eine überdimensionale Rumpelkammer ist. Den Einmarsch haben sie soeben absolviert, der ist nicht so schwierig. Der Fähnrich schreitet voran, Wolfi heißt er, und weil der Reichsapfel für die Probe zu schade wäre, trägt er als Ersatz einen Stock, gekrönt von einem Bauarbeiterhelm. Dahinter, im Takt des Bayerischen Defiliermarschs, die Tänzer. Paarweise halten sie den Reifen in die Höh', der Buchsbaumschmuck fehlt noch. Dann wechselt die Musik: die Aba-heit-is-koid-Melodie. Zwanzig Männer, gehüllt in Jeans, Pullover, Holzfällerhemd oder Blaumann, formieren sich zur ersten Figur, zur »Schlange«. Die beiden Vortänzer geben ein Handzeichen und setzen sich damit selber in Gang. Ein langer Schritt, zwei kurze. »Langsamer gehn«, schreit Thomas Heubeck, der Erste Vortänzer.

Einen Tag später in der Straubinger Straße in Laim. Umzingelt von Wohnblöcken mit Einheitsfassaden und Betonbalkonen: ein Idyll. Noch liegt das Laub der Obstbäume auf der spätherbstlichen Wiese. Ein Kinderbaumhaus auf einer Linde und überall Fässer. Große, kleine, dicke, schmale. Am Gartentor prangt ein Holzschild: »Fass-Fabrik Wilhelm Schmid«. Es ist ein Areal, das die Unesco als Weltkulturerbe ausweisen müsste: der letzte Münchner Schäfflerbetrieb.

In alten Zeiten war das Schäfflerhandwerk eines der wichtigsten der Stadt. Nichts anderes gab es als Holzfässer, um Sauerkraut einzulegen, um Wäsche zu waschen und – ganz wichtig in München – um das Bier zu lagern. Aber welche Brauerei braucht heute noch Holzfässer? Es gibt ja Aluminium. So ist ein Schäfflerbetrieb nach dem anderen verschwunden, alle, bis auf die kleine Firma von Wilhelm Schmid mit ihren vier Angestellten, gegründet 1914 vom Großvater. »Warum gerade wir übrig geblieben sind?«, fragt Schmid sich selbst. »Ich weiß es nicht.«

Schmid residiert in einem Büro, in dem – was sonst? – fassförmige Möbel rustikalen Charme verbreiten, nicht ausgenommen der Schreibtisch, dessen gläserne Platte auf zwei Holzfässern ruht. »Passt schon«, sagt er. »Wir kommen ganz gut durch.« Augustiner ist ein treuer Abnehmer, gleichfalls die Gartencenter, die hölzerne Pflanzkübel für ihre Kundschaft ordern, und gelegentlich die so genannte Erlebnisgastronomie – Wirtschaften, die ihre Wände mit repräsentativen Fassköpfen dekorieren, um so etwas wie Urigkeit heraufzubeschwören. »Von all denen leben wir.«

Aus der Werkhalle sind Hammerschläge zu

hören, Metall auf Metall. Wir folgen dem Geräusch. Peter Silva, der am Vorabend mit aller Grazie, zu der ein Schäffler fähig ist, über den Boden des Augustiner-Speichers getänzelt ist, schlägt mit dem Hammer einen stählernen Reifen über ein Fass. Ein paar Meter weiter hobelt Jörg Schnepper das Innere eines gebrauchten Augustiner-Fasses aus. Reparaturarbeiten. Dreißig bis vierzig Jahre hält so ein Bierfass, sagt Schmid. Hin und wieder müssen ein paar Dauben – die leicht gebogenen Holzstücke, aus denen ein Fass zusammengefügt ist – ersetzt werden. Was das für ein Holz ist? »Eichenholz.« Natürlich, dumme Frage.

Ein Hauch von Holzduft liegt in der Luft, und während uns Schmid über den Bretterboden durch seine Fabrik geleitet und dabei seltsame Geräte vorstellt, die rätselhafte Abrichthobelmaschine oder die Reifenantreibmaschine, kommen Selbstzweifel auf: In welcher Welt leben wir Münchner Journalisten? Ist es dieselbe, in der Männer wie Schmid leben? Entgeht uns ein wesentlicher Teil der Stadt, während wir auf Proseccovernissagen, wo Exmittelfeldspieler auf Explaymates treffen, am Glas nippen? Oder wenn wir im Designerbüro einer Internetfirma den Kaffeeautomaten bewundern, der zwischen Caffè Latte und Latte Macchiato nicht nur zu unterscheiden vermag, sondern beide auch zubereiten kann? Gar nicht zu reden von den Industrierobotern bei BMW, die Autos bauen, ohne sich schmutzig zu machen. Ja doch, die Zeiten sind modern, München ist eine Hightechmetropole, das haben wir oft genug gehört. Und dann staunen wir, dass es noch etwas anderes gibt: eine gartenumsäumte, geduckte Handwerkerhütte, ein Parallelmünchen, das die Relikte einer Welt birgt, die wir von alten Stichen und Genrebildern kennen. Dort schneidet man Bretter, dort kocht man Pech, dort schmiedet man Reifen. Dort lehnen trockene Schilfbündel an Holzwänden, und in den Boden ist ein großer Wasserbottich gemauert, beheizt von einem Holzofen. Schmid wird uns das alles erklären müssen. Das kann er gut. Hat er uns nicht auch den Schäfflertanz erklärt? Ja, hat er. Am Abend zuvor auf dem Augustinergelände.

Die »Laube«. Sie ist die zweite Figur. Wieder das Zeichen der Vortänzer, derselbe Schritt, die beiden Schäfflerreihen setzen sich in Bewegung. Auf verschlungenen Wegen formieren sie sich zu einem Knäuel, über dem die Buchsbögen ein blattgrünes Laubendach bilden. Wenn einer nicht aufpasst, kann es zu schwerwiegenden Verwirrungen und Verwicklungen kommen. Dann das »Kreuz«, bei dem die Schäffler in vier Gruppen tanzen, und als vierte Figur die »Krone«.

»Die jetzige Choreografie«, erzählt Schmid, »stammt wahrscheinlich aus der Biedermeierzeit.« Etwas später, 1871, zur Zeit Ludwigs II., gründeten die Fassbinder den »Fachverein der Schäffler Münchens«, der bis heute den Schäfflertanz veranstaltet. Zu König Ludwigs Tagen stand das Handwerk noch in Blüte, da konnte man sich strenge Regeln leisten: Die Schäfflermeister durften nicht mitmachen, denn seit unvordenklicher Zeit war der Tanz eine Angelegenheit der Gesellen. Ein Vergnügen, und nebenher brachte es ein Zubrot zum kargen Lohn. Verheiratet durften sie nicht sein, trotzdem aber mussten die Burschen über einen einwandfreien Ruf verfügen. In den sechziger Jahren des vergangenen Jahrhunderts, als sich die Reihen der Schäffler lichteten, sah man dann nicht mehr so genau hin: 1963 tanzten die ersten verheirateten Fassmacher mit, sieben Jahre später musste man auf Freiwillige aus anderen Berufen zurückgreifen. Nur eine Bastion ist bis heute nicht gefallen: Der Schäfflertanz ist Männersache. Womöglich wäre die graziöse Anmut von Damen dem Wesen des Reigens abträglich, ganz zu schweigen von anderen etwaigen Verwerfungen.

Natürlich kennt jeder die Legende vom ersten Münchner Schäfflertanz im Pestjahr 1517. Noch die Schäfflerfiguren des Rathausglockenspiels erinnern daran. Aber was heißt da: Legende? Vielleicht war es ja wirklich so, wie es in der Chronik des Schäfflervereins steht. 1517 also: Die Pest wütet in München, einige tausend wurden dahingerafft. Keiner traut sich auf die Straße, nur die Totengräber und Pesträucherer schleichen durch die Stadt. Da kommt einer aus der Zunft der Schäffler auf die Idee, die Leute mit ein paar Lustbarkeiten aufzuheitern. Mit Musik und allerlei Trara ziehen die Schäffler durch die Straßen, die Menschen öffnen die Fenster, mein Gott, da ist ja was los, gehen wir hinaus. Auf dem Marktplatz führen die Gesellen einen Tanz auf, und die »Gretel mit der Butten« (aus ihr wird später der Kasperl) treibt derbe Späße. Das Eis ist gebrochen. München lebt wieder.

Ausgangspunkt des fröhlichen Treibens und möglicherweise Übungsstätte war ein Hof im Färbergraben, je nach Lesart hinter dem Haus Nummer 20 (»Himmelsschäffler«) oder dem Nachbargebäude. Die Schäffler taten also auf dem Areal der *Süddeutschen Zeitung* ihre ersten Tanzschritte –

und sogleich mischt sich Wehmut in unsere Worte: Das Anwesen ist verkauft, ein paar Jahre noch, dann gibt es hier was anderes, Boutiquen wahrscheinlich, daran fehlt's ja in München. Schwamm drüber, und zurück zur Fassbinderzunft: Urkundlich erwähnt wird der Schäfflertanz erstmals 1702. Damals hat ein »Wohledel und wohlweiser Rath der Churfürstlichen Haupt- und Residenzstadt München einem gesambten Handwerk der Schäffler alldas auf beschehen untertheniges Bitten ... großgütigst anbefolchen, dass die Gesölln der gesambten Statt-Maister ... den Schäfflertanz (wie es vor alters her gebreichig gewesen) miteinander halten.« In heutigem Amtsdeutsch: Der Antrag der Schäfflerzunft auf Abhaltung einer Tanzaufführung der Gesellen der oben genannten Handwerkerzunft wird genehmigt.

Wenn die Formalitäten erledigt sind – heutzutage erteilt der Stadtrat großgütigst die Erlaubnis –, geht das Schäfflerballett am Dreikönigstag auf Tournee durch den Münchner Fasching, begleitet von einer Blaskapelle. Heim und Herd sehen sie dann kaum noch, und »bei zwanzig Grad minus auf dem Schulhof hört sich der Spaß auf«, sagt Wilhelm Schmid. Aber keiner möchte darauf verzichten. Ist doch nur alle sieben Jahre. Warum eigentlich? Mit der Frage macht man ein Fass auf, dem Mysteriöses entsteigt: Mal heißt es, weil sieben Jahre dem Rhythmus der Pest entsprachen; mal, weil die Sieben eine Glückszahl sei; mal, weil Herzog Wilhelm IV. es so verfügt habe, und so weiter.

Drei Mann aus Schmids Fassfabrik sind dabei, wenn die Schäffler am 6. Januar auf dem Marienplatz erstmals tanzen. Sie werden Urlaub nehmen, die ganze Zeit bis zum 8. Februar. »Der Chef und der Meister schmeißen den Laden solange allein«, sagt Kollege Schnepper. Manches erledigt sich von selbst. Das Eichenholz zum Beispiel, das in vier Zentimeter dicke Bretter geschnitten in einer offenen Scheune lagert: Es muss einfach nur ruhen. Zwei Jahre, bis es getrocknet ist. Dann sind die Hölzer reif für den Bottich. Gut eine Stunde kochen sie im Wasser, das macht sie geschmeidig. Den Rest erledigt die gusseiserne Biegemaschine. Ist das Holz krumm genug, legt der Schäffler die mit einer Nut versehenen Dauben in die Böden ein. Die Stahlreifen halten das Ding stabil. Und wofür, Herr Schmid, ist das Schilf? »Das kommt zwischen die Fugen. Es quillt auf und hält das Fass dicht.« Das genügt? »Ja, das genügt.« Schmid präsentiert, wie ein Museumsführer, der das bedeutendste Exponat vorstellt, ein Dreißigliterfass. »Frisch ausgepicht.« Also kommt doch noch was dazu. Pech. »Das ist ein Baumharz, mehrfach destilliert, und dient der Hygiene.« Mindestens einmal im Jahr muss nachgepicht werden. Das Bier, sagt man, schmeckt besser dank dem Pech.

Pause bei der Tanzprobe. Christian Baumann, der Zweite Vortänzer, hat eine ermutigende Nachricht: »Die Handschuh und die Strümpf sind da. Und jeder kriegt eine Pflegeanleitung, damit ihr gewisse Sachen nicht zu heiß wascht.« Man muss vorsichtig sein. Ein maßgeschneidertes Schäfflerkostüm kostet locker fünfzehnhundert Euro. Die flaumbestückte grüne Kappe gehört dazu, weißes Hemd, weiße Weste, rote Joppe, Lederschurz, Kniebundhose, Schärpe, Haferlschuhe, mindestens zwei Paar.

Noch einen Schluck Bier, dann geht es wieder auf den Dachboden zum Üben. Das gesamte Programm von vorne, diesmal mit der Stoppuhr. Etwa zwanzig Minuten dauert der Tanz. Die fünfte Figur sind die »Vier kleinen Kreise«, danach wird es laut. Einer der beiden Kasperl stellt ein Fass in die Mitte, drei Schäffler schlagen mit dem Hammer den Takt. So klingt die Arbeit. Der Tanz dazu heißt »Changieren«. Reifen schwingen gegeneinander, wenn da eine Gruppe aus dem Tritt gerät – Schnaps, Bier, einseitige Ernährung! –, droht ein blamables Ende. »Irgendwie klappt's immer«, hat Christian Baumann in der Pause gesagt. Als Vortänzer müsse man vor allem die Ruhe bewahren. »Immer auf die Leute schauen. Und nicht nervös werden.« Aber jetzt ist es doch passiert. Konfusion. Das Ganze nochmal. Gelächter. »Früher war's ned so leger«, sagt tadelnd ein Veteran, der zum Kiebitzen gekommen ist.

Nun endlich die Schlussnummer. Der Reifenschwung. Stefan Schiedermeiers großer Auftritt. Ehe er aufs Fass steigt, noch das: Schiedermeier entstammt einer alten Münchner Schäfflerfamilie. Schon der Urgroßvater fungierte als Vortänzer und Oberschäffler. Der Betrieb war in der Fraunhoferstraße, und es gibt einen Film aus dem Jahr 1977, »da stehen meine Schwester und ich als kleine Pimpfe herum, während die Schäffler bei uns tanzen«. Stefan ist dann doch etwas anderes geworden: Elektromeister. Aber da war noch was. »Die alte Münchner Verbundenheit«, wie er sagt. War nicht auch die Mutter Münchner Kindl? Zweimal sogar: 1949 und 1956. So etwas muss man fortführen, das darf nicht aufhören. Seit einem Jahr ist er im Schäfflerverein. Und jetzt das: Reifenschwinger. Die einzige Solonummer. Täglich übt er für sie.

Schiedermeier steigt aufs Fass, in jeder Hand einen hölzernen Reifen. Auf den Innenseiten steht je ein Schnapsglas, gefüllt mit – bitte, das ist eine Probe – Wasser. Die Reifen beginnen zu kreisen, den Körper entlang schwingt er sie über den Kopf und wieder abwärts. Es ist ein Spiel mit der Fliehkraft: Das Glas muss im Reifen bleiben, das Wasser im Glas. Schiedermeier vergießt nur ein paar Tropfen. Dann die größte Herausforderung: die Begrüßungsrede. Ein paar freundliche Worte für die Gastgeber, am Ende der Trinkspruch, in diesem Fall: »Liebe Kollegen! Auf eine gelungene Tanzprobe!« Draußen zieht der Brauduft über das Augustinergelände. Sollte jemandem auffallen, dass Schiedermeier während der Rede in seinen Hut schaut: Das ist in Ordnung. Dort steht der Text.

Das Paradies ist eine endlose Theke

Die »Schwabinger7« – ein magischer Ort, der seit Jahrzehnten dem Zeitgeist trotzt

Böse Gerüchte umschwirren den Ort. Einmal soll hier sogar die Polizei versumpft sein, als sie bei einer Sperrzeitkontrolle der Versuchung erlag, die von einigen gut gefüllten Schnapsgläsern ausging. Aber vielleicht stimmt das ja gar nicht. Vielleicht ist das eine von jenen Geschichten, von denen Manila sagt, sie müssen gut sein, aber nicht unbedingt wahr. Im Augenblick jedenfalls deutet nichts auf größere Exzesse hin, abgesehen von ein paar einsamen Aluminiumfässern und einem handgeschriebenen Zettel, den jemand an die Tür geklebt hat: »Ab 20 Uhr geöffnet.« Okay, es ist erst halb acht, aber sperrt da nicht jemand die Nebentür auf? Es ist Hans, der Handwerker, der etwas reparieren soll. Hans, 39, Stammgast seit zweiundzwanzig Jahren. Als solcher weiß er, wo eine Flasche Pils zu finden ist, und nach dem ersten Schluck wird er philosophisch: »Diese Kneipe ist ein altes Kulturgut.« Das kann man förmlich riechen, und die Duftbotschaft ist eindeutig: Die Kultur, die hier gepflegt wird, hat mit Alkohol zu tun. Und mit Tabak. Weshalb dieser Abend erfüllt sein wird von Bierdunst und Zigarettenqualm, und dieses Gemisch wird in den Kleidern hängen bleiben, tagelang, das kriegt man nicht mehr los.

Hans würde den Weg im Schlaf finden: Von der Münchner Freiheit aus ein paar Schritte die

Feilitzschstraße entlang, vorbei am ehemaligen »Barbarella«, dann die Einfahrt hinein zwischen »Mamas Kebaphaus« und »Flatbush Hipwear« – dort lagert das Kulturgut: Eine Baracke, zusammengemörtelt aus Kriegsschutt, das Dach eine rostige Blechfläche, auf der Tauben trippeln, in der Dachrinne eine Cola-Dose, und überm Eingang prangt das korrodierende Blechschild: »Schwabinger7«. Hans hat endlich die Lampen angeknipst, bizarre Gebilde aus Metall und buntem Glas, deren Licht von der kaffeebraunen Wand fast gänzlich verschluckt wird, so dass man sich in einer pharaonischen Grabkammer wähnt. Und was gibt es darin zu sehen? Wunderbare Dinge! Vier Holztische, übersät mit Brandmalen von zahllosen Zigarettenkippen. Generationen von Zechern haben ihre Initialen ins Holz geritzt, dazu die Verliebten (»Wiggal+Gabi«) und die Anarcho-Schnitzer. An der Decke kleben monströse Rothändle-Plakate, so schwarz geräuchert, wie es die Fresken in der Sixtinischen Kapelle nach fünfhundert Jahren nicht waren. Wer lange genug hinschaut, kann die Schrift entziffern: »20 Stück DM 2,60«. Große Zeiten müssen das gewesen sein. »Das Neueste im Lokal sind die Glühbirnen«, frohlockt Hans.

Inzwischen ist Phillip eingetrudelt. Phillip schmeißt heute die Theke. Viermal die Woche arbeitet er hier, ein Knochenjob. Bier zapfen, Gläser spülen, Musik auflegen, die Übersicht bewahren, wenn Gäste auf den Tischen tanzen, Phillip hier, Phillip dort, rasch mal anstoßen, einen Drink mit Freunden, und hier sind praktisch alle Freunde – Phillip hält das aus, denn er ist Ire. Und er weiß, wovon er redet: »Dies ist die beste Kneipe, die ich kenne.« Wie? Auch in Irland gibt's keine bessere? »Auch nicht in Irland.«

Aber eigentlich hat er keine Zeit zum Plaudern, denn allmählich kommen die Helden der Nacht. Mick zum Beispiel, der den Abschluss seiner Informatikprüfung begießen muss. Oder die fünf Jungs, die über die Schwelle stolpern und erst mal der Reihe nach aufs Klo gehen. »Kampftrinker« steht bei einem auf dem T-Shirt. Dann der Desperado, der an der Theke ein Bier nach dem anderen kippt, den Blick starr aufs Glas gerichtet. Heute Abend, denkt er vielleicht, wird alles anders. Angie, die Bedienung, rollt auf Skates herein. Männeraugen leuchten auf. Phillip dreht zum ersten Mal die Anlage lauter, ein paar harte Gitarrenriffs, eine rauchige Frauenstimme. Klingt wie der Triumphmarsch für den, der jetzt auftritt: der kahl geschorene Muskelmann mit seiner blondierten Flamme. Ein Medaillon baumelt am Hals, und so, wie er in die Runde blickt, hat er nur eine Message: »Ich bin hier das Alphamännchen.« Damit kein Zweifel aufkommt, küsst er gleich mal seine Braut. Sie streichelt seinen Schädel. Braves Männchen. Der Desperado schaut ins Glas. Das wird wohl wieder nichts heut Abend.

Schon zuvor hat einer geraunt: »Heute kommt Manila.« Beinahe ehrfürchtig klang das, so als würde der Gott des Bieres persönlich erscheinen. Im Nebenraum, der einst die Küche war, erscheint dann wirklich jemand, den alle wie den Messias begrüßen. Manila. Alias Gerd Waldhauser. Einer der kleinen Könige von Schwabing. Hat drei Kneipen, sagt er, aber die bedeutendste, die verrückteste, die aufregendste ist die »Schwabinger7«. Manila sieht aus, als hätte er seit den siebziger

Jahren dieselbe Garderobe: Jeans, khakifarbenes T-Shirt, grüner Parka, Cowboystiefel. Der Bart ist grau und struppig, das Haar klebt ein wenig wirr an der Stirn. Im nächsten Jahr wird er sechzig, die Hälfte seines Lebens ist er der Wirt der »Sieben«: »Meine Güte, wie ist es da manchmal zugegangen! All die Künstler, die hier waren, wie hießen die doch gleich?« Die Schauspieler, die Regisseure, die Musiker und die schönen Models, vor allem die! »In der ›Sieben‹ war das Leben, das ich mir erträumt hab: Frauen, Saufen, Rauchen. Am liebsten hätt' ich ein Bett hereingestellt, ich wollt nicht mehr raus.«

Die Zeit um 1970 also – vielleicht waren es die letzten Jahre, in denen Schwabing hielt, was sein Mythos versprach. Ein Hauch von easy living lag in der Luft, und in den zahllosen Kneipen wehte noch der Geist der Achtundsechzigerrevolte, schon leicht geschwächt von Bier und Joints und Rock'n'Roll. In Bonn regierte Willy Brandt, in München Hans-Jochen Vogel, die Olympischen Spiele standen bevor, und der Student Waldhauser aus Oberammergau brach sein BWL-Studium ab, um Wirt zu werden. Einmal ist er auf die Philippinen gefahren, und dort hat er eine Ansichtskarte aus Manila geschrieben. Als er zurückkam, hatte er einen neuen Namen: »Der aus Manila« – praktischerweise hat sich die Kurzform durchgesetzt.

Während andere Lokale ihren Charme einbüßten oder verschwanden, stand die »Sieben« da wie ein Fels in der Brandung, Manila immer oben auf. »Für mich gab es nur noch arktische Sommer und arktische Winter«, sagt er. »Im Sommer war's hell, wenn ich in die Kneipe reingegangen bin, und wenn ich morgens rausgegangen bin, war's wieder hell. Und im Winter war's dauernd dunkel.« Eines Nachts hatten sie in einem Anfall von Renovierungswut die Idee, das Dunkelbraun der Innenwand ein wenig aufzufrischen. Die Aktion war mit mehreren Flaschen Wodka gut vorbereitet worden. Als sie wieder erwachten, waren die Wände rosa. Irgendetwas mit der Farbmischung hatte nicht gestimmt, was aber im Wodkarausch unmöglich zu erkennen gewesen war. Eine zweite Nachtschicht musste eingelegt werden, diesmal unter strengem Alkoholverbot. Überhaupt Alkoholverbot – eine Schreckensvision für Manila: »Wenn hier Prohibition herrschte, hätte ich als Erster eine Destille im Keller.«

Versteht sich, dass solche Männer auch dem Zeitgeist die Stirn bieten. In anderen Schuppen war es mit den Jahren peinlich, ohne teure Klamotten aufzukreuzen. Das richtige Label musste es sein, Helmut Lang, Versace oder sonst ein Starschneider. In der »Sieben« genügt der Manila-Look, und wenn doch jemand auf Versace besteht, ist's auch recht. Aber so einer müsste sich schon verirrt haben. Denn wer hip und cool ist, feiert im Kunstpark Ost et cetera; Schwabing, die Feilitzschstraße, der Wedekindplatz stehen nicht auf der Hitliste. Auch die Nacht kann nicht kaschieren, dass hier eine Wüste aus Imbissbuden und Fastfood-Ketten entstanden ist. Für viele der alten Kämpen wurde die »Sieben« zur letzten Oase. Zum Beispiel für Gerd, der früher zwei-, dreimal die Woche dort einkehrte. »Zuvor war ich in Berlin, und wer die Berliner Kneipen kennt, dem ist die ›Sieben‹ nicht fremd.« Gerd, EDV-Berater von Beruf, hat es immer gefallen, dass in ihrem

Schummerlicht die Standesunterschiede schwinden, »da triffst du alles vom Bettler bis zum Rotarier«. Schade eigentlich, dass er schon lange nicht mehr da war: »Die Familie, die Arbeit.« In der »Sieben« war alles möglich: Manchmal hatte eine der Schönen die Freundlichkeit, auf dem Tisch einen Strip hinzulegen. Oder der »lange Hans«, der sagenhafte Kellner: Kam einmal mit einem Tablett voller Biergläser an den Tisch, und als keiner der Gäste reagierte, ließ er einfach alles fallen, das gute Bier und die schönen Gläser.

Phillip prostet ein paar Landsleuten zu. Irgendeinen scharfen Stoff hat er ins Stamperl gegossen, erstaunlich, was Iren vertragen. Dazu passend bringt Manila sein Credo an den Mann: »Ich glaube, das Paradies ist eine endlose Theke.« Mit jeder Minute wächst die Gewissheit, dass er Recht hat: Du hockst da, hast ein paar Bier gekippt, spürst die fetten Basstöne im Bauch, hörst den Beat der Drums. Deine Füße wippen oder du wackelst mit den Ohren, jedenfalls musst du dich rühren, und am Ende stehst du im Gedränge und tanzt wie die anderen. So ist es gut, so soll es sein. Und auf einmal bist du dabei, Gesichterratespiele zu betreiben: Der Typ mit Schirmmütze, Fransenjacke und schütterem Grauhaar – was könnte der sein? Altrocker oder emeritierter Soziologieprofessor? Beides kommt vor in der »Sieben«. Oder das schwarzhaarige Girl in der Lederkluft? In französischen Filmen verlieben sich solche Frauen immer in den Gangster. Und dieser ölige Geck mit dem Pferdeschwanz? Vielleicht ein Congaspieler in einer Latinband, polizeilich gesucht als Heiratsschwindler? Die Blonde mit dem Schnörkeltattoo – Friseuse oder Frauenrechtlerin? Und der junge

Mann mit dem Schneckerlhaar. Halt! Das ist Christoph Stumpf. Der Geschäftsführer.

»Mit vierzehn«, sagt Christoph, »war ich das erste Mal in der Sieben.« Jetzt ist er vierundzwanzig. Dazwischen lebte er ein Jahr in Los Angeles, war mal mit der Bundeswehr in Kanada, dann hat er in einem feinen Hotel gejobbt, aber die »Sieben«, mein Gott, »die lässt einen nicht los«. Die ist dunkel, der Putz blättert ab, sie ist klein und eng, »aber sie ist wie ein Wohnzimmer«. Er schaut sich um, noch immer tanzen ein paar Freaks, andere baggern die Mädchen an, und die Einsamen flirten mit dem Bierglas – auf einmal streift ihn ein fürchterlicher Gedanke: »Wenn die ›Sieben‹ mal dichtmacht, dann«– Christoph sieht jetzt richtig besorgt aus – »dann werden hier viele heimatlos.« Also Prost auf die Dame, der das Grundstück gehört. Prost, möge sie lange leben und auf keine dummen Gedanken kommen! Und wenn doch das Undenkbare geschieht? Hans, der Handwerker, hat den Ernstfall schon in Gedanken durchgespielt: »Wenn das hier stirbt, Wahnsinn, dann gehen wir alle zur Beerdigung.« Traurig wird das, verdammt traurig. Zum Trost wird man unter Umständen auf Bier zurückgreifen müssen.

Anna und die Schweine

Bekanntlich gibt es nur zwei Dinge, die so schön und erhaben sind, dass sie die Ahnung eines glückerfüllten Lebens jenseits der alltäglichen Plackerei vermitteln: Fußball und Sopranistinnen. Letztere vor allem dann, wenn sie, den Bühnentod sterbend, einen betörenden, oft erstaunlich ausführlichen Schwanengesang anstimmen, an dessen Ende wir triumphierend zu fragen wagen: Tod, wo ist dein Stachel? Zurzeit ist es die russische Sopranistin Anna Netrebko, die in der Staatsoper allerlei musikalische und außermusikalische Verheißungen verkörpert, und zwar mit einem Nachdruck, der ihr eine Dauerpräsenz von den Niederungen des Feuilletons bis hinauf in die Klatschspalten sichert. So war in der *Abendzeitung* zu lesen, die Diva Netrebko habe in München vergeblich nach einem Nachtleben Ausschau gehalten, weshalb die Stadt im Vergleich mit Sankt Petersburg ganz alt aussehe. Mit Verlaub, gnä' Frau, das kann nicht unwidersprochen bleiben. Es gibt sehr wohl ein Nachtleben in München, und das findet spätestens von dreiundzwanzig Uhr an im Bett statt. Dort liegt der brave Münchner Steuerzahler und schläft und träumt von den größten Abenteuern, die das Leben bietet: davon, wie er einmal dem Chef die Meinung geigen wird, oder von der »Nacht der Liberalen«, dem Faschingsball der FDP.

Aber das Allerverwegenste, das die Stadt zu bieten hat, klebt derzeit an den Litfaßsäulen.

Nein, nicht die Plakate voll jugendlich-attraktiver Erfolgsvisagen, die zu irgendwelchen hippen Events locken. Im Gegenteil: Zwei alte, ergraute Männer blicken uns an, so ernst, so sorgenvoll, als hätte der Oberbürgermeister soeben das Aussterben der Weißwurst verkündet. Es handelt sich um die Schauspieler Rolf Boysen und Thomas Holtzmann, die in der Hofkirche Homer lesen. Was für Gesichter! Faltig, kantig, zerfurcht – wie zwei in die Jahre gekommene Helden, die schon dabei waren, als die Griechen vor Troja lagerten. Man möchte gar nicht mehr weg von dem Plakat, und mit einem Mal verwandelt sich die Litfaßsäule in das Boot des Odysseus, und wir gleiten vom Winde getrieben durchs schäumende Meer zu den geheimnisvollen Lotophagen, passieren die Insel der Sirenen, der Netrebkos der Antike, landen bei Kirke, der hinreißenden Zauberin, die Männer in Schweine verwandelt. »Da haben sie sich nicht sehr verändert«, sagt die Frau an unserer Seite.

Sage niemand, in München sei nichts los. Es ist nur so, dass hier die Abenteuer im Kopf stattfinden. Noch nie hat ein Münchner die Quellen afrikanischer Ströme entdeckt, geschweige denn einen Kontinent. Selbst im RTL-Dschungelcamp triumphierte ein Auswärtiger, ein alter Grieche, wer sonst? Aber nachts, wenn wir träumend in den Federn liegen, geht's auf große Fahrt. Hin zu sagenhaften Abenteuern: nach Sankt Petersburg, wo uns Anna in Schweine verwandelt.

Erfinder einer Ausstellung

Wie Oskar von Miller die Gründung des Deutschen Museums durchsetzte

Das Projekt, für das Oskar von Miller im Mai 1903 warb, war auf den ersten Blick ein Luftschloss: Ein Museum wollte er gründen, ein Haus, angefüllt mit »Meisterwerken der Naturwissenschaft und Technik«, lehrreich und unterhaltsam für alle Schichten des Volkes. Und was hatte er zu bieten? Nichts. Kein Gebäude, kein Geld, keine Mitarbeiter, und nicht ein einziges Exponat. Auch der Standort München war streng genommen eine Schnapsidee. Berlin, die aufstrebende Reichshauptstadt – das wäre eine plausible Wahl gewesen. Oder die Industriezentren des Ruhrgebiets oder Sachsens. Aber nein, München sollte es sein, die vergleichsweise gemächliche Hauptstadt eines Königreiches, dessen Bewohner größtenteils Ackerbau und Viehzucht betrieben. Zwar rauchten auch an der Isar die ersten Schlote, doch noch prägten Klein- und Mittelbetriebe die Münchner Wirtschaft. Wäre Oskar von Miller ein Mann von solidem mittelmäßigen Verstand gewesen, er hätte sich gesagt: »Prima Idee, das Museum. Aber vergiss es. Das läuft nie.«

Bekanntlich ist es dann doch gelaufen, und zum Verständnis des Wunders ist es vielleicht nicht ganz verkehrt, ein paar Porträtaufnahmen dieses Herrn von Miller zu betrachten. Zu sehen ist der Kopf eines Patriarchen, geschmückt mit einem alttestamentarischen Bart, dazu buschig-wirre Augenbrauen und ein Blick, der unbedingten Gehorsam fordert. Offenbar war das auch der Eindruck, den die Zeitgenossen hatten: Ende der zwanziger Jahre soll der Industrielle Paul Reusch vorgeschlagen haben, über den Eingang des Deutschen Museums im Namen Oskar von Millers eine Tafel zu hängen mit der Aufschrift: »Hier kann jeder tun, was ich will.« Was das betrifft, erinnert er an Lothar-Günther Buchheim, und auch in puncto Dickschädeligkeit dürfte er dem Feldafinger Alleskönner kaum nachgestanden haben. Jedenfalls haben beide ihr Museum wider alle Wahrscheinlichkeit bekommen.

Am 1. Mai 1903 verschickt Oskar von Miller ein Rundschreiben an Industrielle und Wissenschaftler, in dem er die Gründung eines naturwissenschaftlich-technischen Museums vorschlägt. Vier Tage später konstituiert sich ein provisorisches Komitee, und als Ende Juni die Hauptversammlung des Verbands Deutscher Ingenieure in München tagt, nutzt Miller die Gelegenheit, den Verein »Museum von Meisterwerken der Wissenschaft und Technik« zu gründen. Zu diesem Zeitpunkt hat er bereits den Münchner Industriellen Georg von Krauss überredet, die enorme Summe von hunderttausend Mark zu stiften. Auch bei Rudolf Diesel, Hugo von Maffei oder Carl von Linde bewährt sich Millers Talent, anderen Leuten Geld aus der Tasche zu ziehen, und allein im Jahr 1905 versendet er fünfzigtausend Bettelbriefe. Überall im Land erhalten Unternehmen, Universitäten, Akademien, Sternwarten und andere ein Schreiben, sie mögen doch bitte Objekte zur Verfügung stellen, und zwar gratis. In eigens entwickelten Wunschlisten stehen für jedes Fachgebiet die Dinge, die man begehrt. Zehn Jahre nach der Gründung verfügt das Museum über rund vierzigtausend Exponate. Millers Sammelaktivitäten sind gefürchtet. Als er sich zu einem Besuch bei Krupp in Essen ansagt, wird intern die Order ausgegeben, die besten Stücke wegzusperren.

Doch selbst Millers Überzeugungskünste hätten versagt, wäre nicht der Zeitgeist dem Projekt zuträglich gewesen. Nach der Reichsgründung 1871 war die Industrialisierung des bis dato rückständigen Deutschlands stürmisch vorangeschritten, und die Wunderwerke der Ingenieure durchdrangen zunehmend das private und öffentliche Leben. Die Technik schickte sich an, einen kulturellen Rang zu erobern. Was die Industrie hervorbrachte, war nicht nur nützlich, sondern wert, wie ein Kunstwerk ausgestellt zu werden. Die Weltausstellungen in London (1851), Paris (1889) oder Chicago (1893) avancierten zu Weihefestspielen des technischen Fortschritts.

In diesen Jahren war das Prädikat »Made in Germany« eher ein Kainsmal. Als der Forscher Franz Reuleaux 1876 die Weltausstellung in Philadelphia besuchte, schrieb er: »Deutsche Waren sind schlecht und billig.« Im Reich war man empört, aber bald machte man sich daran, Konsequenzen zu ziehen. Vor allem in der Physik und der Chemie gelangen deutschen Forschern wichtige Entdeckungen. 1881 wurde der erste Lehrstuhl für Elektrotechnik eingerichtet. Und allmählich begann man zu überlegen, wie die naturwissenschaftlich-technischen Zusammenhänge dem Publikum zu vermitteln wären. Kleinere Gewerbe- und Kunstgewerbemuseen gab es bereits, und an vielen Orten regten sich Initiativen, ein Museum für Technik zu gründen. Der Versuch, in Berlin den großen Wurf zu landen, endete im Streit. Auch in München lief die Sache mehrmals schief, ehe Oskar von Miller ins Spiel kam.

Die Familie von Miller: Erst in der zweiten Generation ist sie in München ansässig, doch schon bekleiden ihre Mitglieder eine Reihe einflussreicher Ämter. Ferdinand von Miller, der Vater des Museumsgründers, leitet die königliche Erzgießerei, in der 1850 das Standbild der Bavaria gegossen wird. Als sich Oskar von Miller (1855–1934) nach dem Studium am Polytechnikum München um eine Anstellung bewirbt, flüstert man hinter vorgehaltener Hand: »Nicht noch ein Miller.« Er hat Bauwesen studiert, aber zu seinem Fachgebiet wird die Elektrotechnik. Ein paar Jahre arbeitet er in Berlin als Technischer Direktor der Deutschen Edison-Gesellschaft (später AEG), 1890 eröffnet er in München ein Ingenieurbüro, das sich zu einem der bedeutendsten europäischen Planungsbüros für Kraftwerksanlagen entwickelt. Er projektiert Kraftwerke und Ringleitungen, plant die Energieversorgung von Städten und Regionen. 1924 setzt er nach zähen Verhandlungen den Bau des Walchenseekraftwerks durch; auch die Gründung des Bayernwerks zur landesweiten Stromversorgung ist Millers Verdienst.

Nach der Konstituierung des Museumsvereins kann es Miller offenbar nicht schnell genug gehen. Schon im November 1906 zeigt er, was er hat: Als erste, provisorische Ausstellungsstätte dient das Alte Nationalmuseum, das heutige Völkerkundemuseum. Im selben Jahr wird der Grundstein für das eigentliche Museum gelegt. Kaiser Wilhelm II.

ist zugegen, natürlich der Prinzregent sowie Prinz Ludwig, der spätere König Ludwig III. Sowohl der Kaiser als auch die Wittelsbacher unterstützen das Vorhaben mit erheblichen Summen. Als Gastgeschenk zur Grundsteinlegung wünscht sich Miller das Modell eines Linienschiffes, detailgetreu bis zur kleinsten Kabine. Dem Kaiser erscheint das zu aufwändig. »Suchen Sie sich was anderes aus«, lässt er ausrichten. Miller schreibt zurück. »Majestät, mir fällt nichts anderes ein.« Er bekommt sein Modell.

Auch die Stadt München stiftet Geld, vor allem aber die so genannte Kohleninsel als Baugrund. Seit dem Mittelalter hatten die Münchner auf der Isarinsel Holz und Holzkohle gelagert. Wegen der häufigen Überschwemmungen schreckte man vor einer dauerhaften Besiedelung zurück. Um die Jahrhundertwende geriet die Insel wegen ihrer zentralen Lage ins Blickfeld der Stadtplaner. Diverse Ideen kursierten, darunter Pläne für einen Inselbahnhof oder für eine kleine mittelalterliche Stadt, ehe man sich entschließt, auf dem Areal das Deutsche Museum zu errichten. Doch die Bauphase steht unter keinem guten Stern. Der Krieg bricht aus, und nach dem Zusammenbruch des Kaiserreichs liegt die Wirtschaft danieder. Erst 1925 wird das Museum mit großem Pomp eröffnet.

Selbstverständlich hat Oskar von Miller Vorbilder für seine Idee, insbesondere das Science Museum in London sowie das Pariser Conservatoire des Arts et Métiers. Doch er verfolgt ein anderes Konzept: »Er verband die Volksbildung mit der Volksbelustigung«, schreibt Hans-Luidger Dienel in seiner Broschüre »Das Deutsche Museum und seine Geschichte«. Die Besucher sollten Technik unterhaltsam erleben, sollten Experimente beobachten und mittels Knopfdruck selbst Apparaturen in Bewegung setzen. Und noch eines fällt auf, wenn man die Fotos der frühen Ausstellungsräume studiert: Viele Exponate sind Kunstwerken gleich aufs Podest gehoben oder in vergoldeten Vitrinen ausgestellt, wie Ikonen der Naturwissenschaft. Das erste Telefon von Philip Reis und die Originalapparate von Ampère werden in einem güldenen barockisierenden Schrank präsentiert, und für die erste Dynamomaschine von Wernher von Siemens errichten die Museumsbauer einen pompösen Marmoraltar.

Warum das? »Eine gewisse Ehrfurcht vor der Leistung der Ingenieure« wollte Miller wecken, sagt Wilhelm Füßl, der Chefarchivar des Deutschen Museums. Deshalb findet sich im ursprünglichen Namen des Museums auch der Begriff »Meisterwerke«, der Assoziationen zur bildenden Kunst hervorruft. Füßl zufolge wollte Miller »Technik und Kunst auf dieselbe Stufe stellen«. Das war durchaus ein Bestreben in eigener Sache, denn um die Jahrhundertwende steht der Ingenieurberuf in keinem besonderen Ansehen. Noch fehlt das Promotionsrecht für Ingenieure, und im Staatsdienst ist ihnen die höhere Laufbahn verwehrt. »Damals waren Techniker und Ingenieure unterprivilegiert«, sagt Füßl.

Zudem ist das Bild, das die Menschen von der Technik haben, bei aller Fortschrittsgläubigkeit ambivalent. Wer in der Nähe einer Fabrik lebt, bekommt ihre gesundheitsschädlichen Emissionen zu spüren, und wer in den Fabriken arbeitet, dem tritt die Technik als allmächtige Maschinerie gegenüber, die gnadenlos Unterwerfung fordert. Der realen Gewalt der industriell angewandten Naturwissenschaft setzt Miller ihr spielerisches Potenzial entgegen, indem er die Gelegenheit bietet, ihre faszinierenden Möglichkeiten per Knopfdruck zu erfahren. Den Alltagszwecken enthoben, präsentiert sich die Technik als Instrument der Naturbeherrschung, auf dem zu spielen kinderleicht ist. Sie scheint magische Kräfte zu entfalten, an denen der Besucher teilhat, und mehr als die Kunst scheint sie geeignet, die großen Menschheitsträume zu erfüllen: über den Wolken zu schweben, durch die Meere zu gleiten, hinabzusteigen ins Innere der Erde.

Oskar von Miller muss geahnt haben, welche Faszinationskraft den Artefakten der Ingenieure innewohnt. Nur gewisse Münchner Stammtischhocker schienen dagegen immun zu sein: In der satirischen Zeitschrift *Simplicissimus* erscheint zur Eröffnung 1925 – zu dieser Zeit hat das Blatt seine besten Zeiten bereits hinter sich – eine Karikatur von Karl Arnold, die ein paar vor ihren Maßkrügen grantelnde Bierdimpfl zeigt. Sagt einer: »Dees mit dem Deutschen Museum wird si aa ned halt'n – wer red't denn heit no vo der Pinakothek.«

Supermann trifft Puffmutter

Faschingsfete im Pilspub »Biber Bau«

Grob geschätzt, ist es das dreißigste Mal, dass Karl Biber an diesem Abend in Verzückung gerät. »Da kommt die Manuela«, kräht er durchs Lokal. »Die Frau mit der schönsten Oberweite hier im Haus.« Schon hat er Manuela in seinen Fängen, Bussi zur Begrüßung, ein verschärfter Clinch. Im selben Moment erbringt Hella den Beweis, dass der spitze Zinken, der zwanzig Zentimeter aus ihrem Gesicht ragt, nicht wirklich ihre Nase ist. Alles nur Plastik, und darunter steckt ein wohlgeformter Riecher, die Nase einer »reinrassigen Giesingerin«, wie Hella sagt. Aber heute ist sie eine Hexe, eine mit schwarzem Hut und schwarzem Kleid, auf dem eine Stoffkatze aufgenäht ist; nur der Goldzahn ist vermutlich echt. »Hier drinnen bin ich keine Dame, da bin ich nur die ›Mam‹.« Alle nennen sie so, auch Karl, der noch immer mit Manuela zugange ist, während Mam wohlwollend ihrem Sohn Frank zuschaut, der hinter dem Tresen Reggae tanzt – Reggae mit Mascha. Es ist eine ziemlich laszive Nummer, die die beiden aufs Parkett legen, aber so übertrieben, dass jeder merkt: Die meinen's nicht ernst. Mam kann beruhigt sein, und Mascha landet auch wieder bei ihrem Mann, Karl Biber nämlich, der Herr, der manchmal mit der intensiven Begrüßung weiblicher Gäste beschäftigt ist. Soeben kommt Petra. Karl ist entzückt.

Draußen rauscht der Verkehr vorbei, Tausende Autos pro Stunde. Sie fahren zur Autobahn Salzburg, und das Letzte, was die Fahrer von München sehen, ist eine öde Häuserreihe an der Tegernseer Landstraße: ein paar Mietshäuser, ein Getränkemarkt, die Bar »Emirgan Aile Gazinosu«, leere Schaufenster – Tristesse in Grau. Doch da ist noch etwas: Farbe, Licht. Eine Kiefer, illuminiert wie ein Christbaum, ein Vorgarten voller Luftballons und das Schild »Biber Bau. Das andere Pils Pub«. Dort ist – mit Karl Biber zu reden – »Mascha die Wirtin, und ich bin die Hilfskraft und der Ehemann, der das alles bezahlen muss«.

Vor rund einem Jahr haben die beiden hier angefangen. Die Kneipe war schwer verrufen, aber das war egal. Karl und Mascha haben sie hergerichtet, haben das Lokal mit Deichseln, Kochlöffeln, Teppichklopfern und Nudelsieben dekoriert und später mit den Kinderfotos der Stammgäste. Viele von ihnen sind aus der Nachbarschaft, jeder kennt jeden, in einigen Fällen sogar sehr gründlich: Angeblich (wir haben das nicht überprüft) hängen in der Damentoilette die Dessous von Gästen, die sich »situationsgebunden« (Karl Biber) zu einem Strip entschlossen haben. Dem Ruf des Pubs hat es nicht geschadet. »Des is a Lokal, wo ich auch allein hingehen kann«, sagt Mam. Notfalls dürfte sogar Ehemann Peter allein hingehen.

Aber heute sind sie beide da, weil Fasching ist und große Dinge bevorstehen. Der angekündigte Elvis-Imitator bleibt allerdings aus, aber alle anderen sind gekommen: Lutz zum Beispiel, der Fernseherhändler, oder Bernie, der Lagerist, Christine, Evi, Vicky, Jennifer, sogar Raimund, »der Psychopath« (Biber). Keine Underdogs, keine armen

Schlucker, die sich aus Verzweiflung die Birne zukippen, aber auch keine, die man beim Chrysanthemenball oder der »Nacht der Liberalen« sähe. Dort geht es wahrscheinlich vornehmer zu, aber nicht so lustig wie in diesem Gestrüpp aus zahllosen Luftschlangen, in dem zwei Dutzend ordinary people sich ein paar gute Stunden machen.

Mascha schmeißt gleich mal eine Runde Wodka-Lemon, und auch ihre schwarze Dominapeitsche mit Dildogriff treibt die Stimmung in die Höhe. Sie trägt ein rotgoldenes Paillettenkleid, das oben sehr tief endet und unten sehr hoch, dazu eine Offiziersmütze der »Nationalen Volksarmee«. Karl ist wieder mal begeistert: »Die Wirtin ist heute eine original Stasi-Puffmutter«, johlt er, und aus dem allgemeinen Jubel sticht Franks Stimme hervor: »Ich hab ihr scho gsagt, bei mir gibts heute viel zum Spionieren.« Später fummelt dann tatsächlich jemand an Franks Supermannkostüm herum – aber nur, weil er den rückseitigen Reißverschluss nicht aufkriegt. Frank möchte aufs Klo.

Auf der Schnapsflasche, die hinter der Bar hängt, steht das Wort »Nichts«. Ein geniales Etikett, findet Karl. »Wenn die Polizei fragt, was man getrunken hat, muss man nicht lügen: ›Nichts‹.« Gesanglich gelingt der Runde ein erster Glanzpunkt: »Heute ist die Nacht nicht zum Schlafen da, Aaaniiiiitaaa …« Daraufhin schleicht Karl Biber im roten Büßeroverall zur Beichte, die eher zum triumphalen Bekenntnis eines sündenreichen Lebens gerät: »Ich bin durch alle unsittlichen Weltmeere gesegelt, die es gibt.« Mams Gatte Peter sitzt in der Mönchskutte, finster wie Savonarola, hinter Karl und schlägt ihm nach jedem Geständnis einen Plastikknüppel auf den Kopf. Generell legt Karls Beichte den Verdacht nahe, dass der Sittenverfall unter seinen Gästen unaufhaltsam voranschreitet, worüber alle hoch erfreut sind. Außer Karls Schwiegermutter: Die schüttet ihm ein Glas Mineralwasser übers Haupt.

Das Licht geht aus. Karl kündigt »El Magnifico« an, den großen Zauberer. Nun ja, es ist in Wirklichkeit der Fernseherhändler Lutz aus Unterhaching, der »relativ oft hier ist, weil des is mei Einflugschneise«. Folglich verfügt er im »Biber Bau« über ein eigenes Bierglas, auf dem das 1860-Wappen prangt (eigentlich eine Selbstverständlichkeit in Giesing). Aus dem hat er bereits ausgiebig getrunken, was der Zauberkraft womöglich abträglich ist: »Nach der achten Halbe haut's nimmer so hin.« Allen Bedenken zum Trotz gelingt es El Magnifico, aus einem Glaswürfel eine schwarze Katze hervorzuzaubern. Leider nutzt das Tier eine Unachtsamkeit zur Flucht, und bei der folgenden Katzenjagd macht Supermann Frank eine ganz schlechte Figur, obwohl es sich um »Charlie«, seinen eigenen Kater, handelt. Beim nächsten Zaubertrick entkommt ein Meerschweinchen, das nach der Gefangennahme in Maschas Ausschnitt gesteckt wird – ein guter Moment, um gemeinsam ein Lied anzustimmen: »Es ist so schön, ein Meerschweinchen zu sein.« Mascha findet es »geil«.

Gerade hat sie eine neue CD aufgelegt, Wolfgang Petry, bei dem muss sie mitsingen: »Dos is derrr Wooohnsinn.« Mascha stammt aus Polen, hat Kunst studiert, aber die Kneipe ist ihr Leben. »Mit den Leuten Spaß zu haben, ist das Schönste.« Im »Biber Bau« hängen ein paar alte Porträts von Karl, die sie gezeichnet hat. Ein wenig sieht er darauf aus wie Burt Reynolds. Seit sich herumgesprochen hat, dass Mascha einen Hund möchte, sammeln die Gäste Geld in einer Parkuhrattrappe. Bald ist sie voll. Aber jetzt: »Hölle, Hölle, Hölle!« Mascha spielt die Verruchte, den Vamp. Die NVA-Mütze ist fort, das Blondhaar wallt über die Schultern. Und sie deutet an, was man mit einem Baseballschläger noch alles anstellen kann, außer schlagen. »Derr Wooohnsinn!« Männeraugen glänzen.

Zwei Uhr morgens. Wer nicht verschwunden ist, kämpft gegen die Katerstimmung. Nach dem Wochenende wird El Magnifico wieder Fernseher verkaufen und Supermann Briefmarken. Unterm Luftballondekor trinken Mam und Peter ein letztes Glas, sie hat die Hexennase abgelegt, er die Mönchskapuze. Mam ist in der Nähe aufgewachsen, in »Klein-Chicago«, sagt sie, eigentlich ein elendes Viertel. »Aber alle in der Straße waren wie eine große Familie. Wir haben zusammen gegrillt, Kaffee getrunken, gratscht – das gibts heut nimmer.« Mam besieht ihre Schulter, auf der Kater »Charlie« ein paar Kratzer zurückgelassen hat. Vor zwei Stunden, als die Stimmung überschäumte, ist die Faschingsgesellschaft zur Polonaise in eine Nachbarkneipe aufgebrochen. Dort saßen vier Kartenspieler und ein einsamer Wirt im Neonlicht, ratlos, was sie mit dem Besuch anfangen sollten. Das war so traurig wie der Weg zurück, der zwischen dunklen Häuserfronten und der Autobahn vorbeiführte. Der Ghettoblaster dröhnte durch die Nacht: »Jetzt fliegen gleich die Löcher aus dem Käse ...« Man war froh, wieder im »Biber Bau« zu sein. Mam sagt: »Hier fühl ich mich ein bisschen wie früher.«

Filius Frank, der Supermann, steht an der Theke und fährt mit der Hand über die kahle Stirn: »Bei jeder Jungfrau hab ich ein Haar verloren.« Heute Nacht aber war nicht mal ein situationsgebundener Strip drin. Vielleicht sind die unsittlichen Weltmeere ja doch weit weg von Giesing. Vielleicht in Kuba, wohin sich Frank sehnt. Oder sie sind immer da, wo man nicht ist. Frank, Mam und Padre Peter haben es nicht weit nach Hause. Supermann wird den Weg aus eigener Kraft schaffen. Dabei hieß es anfangs: »Der kommt mit den Eltern, damit die ihn hinterher heimtragen.«

Für immer blau

Ein »Streiflicht« über die Zeit, in der der Fußball noch eine Seele hatte

Dies ist eine Geschichte aus der Zeit, als Fußballarenen noch Glückauf-Kampfbahn oder Stadion Rote Erde hießen und alternde Spieler weder an ihre Autobiografie noch an arabische Emirate dachten, sondern an eine Lotto-Toto-Annahmestelle zur Gestaltung des Lebens danach. Oder sie träumten von einer Stehkneipe, und es war egal, ob sie vor oder hinterm Tresen standen. Hauptsache, das Bier lief, man war ja Fußballer, da gehörte der Alkohol dazu. George Best von Manchester United, dem Magier mit der Beatles-Frisur, haben sie später eine neue Leber eingepflanzt. Garrincha, der krummbeinige brasilianische Rechtsaußen, der Gegenspieler wie Mehlsäcke aussehen ließ, hat sich zu Tode gesoffen. Und Reinhard »Stan« Libuda ist an allen vorbeigekommen, nur nicht an der Flasche. Tragische Gestalten, und doch: Wer sie spielen sah, hat sie geliebt, hat sich nicht sattsehen können an ihren Tricks und Alleingängen. Und dass sie tranken – mein Gott, man trank ja auch.

Damals, in den sechziger Jahren, gingen sachverständige Münchner nicht zum FC Bayern – der war Ignoranten und Auswärtigen vorbehalten –, sondern zu den Löwen ins »Sechzger-Stadion«. Die hatten ein wunderbares Team, das den HSV einmal mit 9 : 2 nach Hause schickte, und noch heute können Zeitzeugen die Meistermannschaft von 1966 im Schlaf aufsagen: Radenkovic, Wagner, Patzke ... Als neunter Name kommt Rudi Brunnenmeier. Und dann schnalzt man mit der Zunge und erinnert sich, was der für ein Stürmer war. Wenn's bei dem lief, konnte ihn keiner halten. Der machte sein Tor, der tankte sich durch, und im engen Stadion glaubte man den Schweiß zu riechen, den er vergoss, angereichert mit dem Bierdunst vom Vorabend.

1860 ohne Brunnenmeier, das war undenkbar. Seinerzeit kursierte in München ein Witz, dem der Rang einer höheren Wahrheit gebührt. Vater und Sohn gehen zum Spiel, aber weil sie die Karten vergessen haben, läuft der Bub nochmal heim. Völlig verstört kommt er zurück: »Babba, der Brr, der Brr, der Brr...« Der Vater erbleicht. »Babba, der Briefträger liegt mit der Mamma im Bett.« Darauf der Alte: »Gottseidank. I hab scho gfürcht, der Brunnenmeier spielt net.« Verbürgt ist die Geschichte vom Trainingsspiel zwischen Alkoholikern und Abstinenzlern, das der damalige Coach Max Merkel anordnete. Die Biertruppe, vorneweg Brunnenmeier, siegte mit 7 : 1, woraufhin Merkel befahl: »Sauft's weiter!« Brunnenmeier hielt sich daran, erst recht, als es vorbei war mit der Torjagd. Pleiten, Sauftouren, Knast – er ist abgestürzt und nicht wieder hochgekommen. An Ostern ist Rudi Brunnenmeier gestorben. Ginge es gerecht zu, müsste das Sechzger-Stadion seinen Namen tragen. Stattdessen will man es abreißen. 1860 und der FC Bayern spielen – horribile dictu – jetzt gemeinsam in der Allianz-Arena.

Herrschaftliche Unterwelt

Ein Besuch in Münchens Fürstengrüften: Vier Kirchen beherbergen die sterblichen Überreste der bedeutendsten Wittelsbacher

»Die Herzen der Leuchtenbergs«. Wär' ein guter Titel für einen Liebesroman. Könnte aber kitschig werden, ein richtiger Schmachtfetzen. Oder pathetisch. So pathetisch wie das marmorne Grabdenkmal in der Jesuitenkirche Sankt Michael, das an Eugène Beauharnais, Herzog von Leuchtenberg, erinnert, den 1824 gestorbenen Stiefsohn Napoleons. Seine Witwe Auguste Amalie Ludovica, die Tochter König Max I., hatte das Monument in Auftrag gegeben, und zwar beim seinerzeit berühmten dänischen Bildhauer Bertel Thorwaldsen. Eugène und Auguste Amalie, heißt es, haben eine glückliche Ehe geführt, obwohl ihre Verbindung nur deshalb zustande gekommen war, weil Napoleon es so wollte und Max nicht anders konnte. Vier Tage vor der Hochzeit haben sie sich zum ersten Mal gesehen. Zuvor hatte die bayerische Prinzessin noch geschrieben: »Ich willige ein, so viel es mich auch kostet, wenn die Ruhe eines geliebten Vaters und das Glück eines Volkes davon abhängen.«

Es ist eine anrührende Geschichte. Die muss man vorausschicken, um sich zu versichern: Es gibt ein Leben vor dem Tod. Im Folgenden wird davon weniger die Rede sein, denn es geht hinab in die Unterwelt, in die Gewölbe und Katakomben Münchens, in denen die sterblichen Überreste der Wittelsbacher liegen. Auch Eugène, der kaiserliche Prinz, hat seine letzte Ruhestätte keineswegs unter Thorwaldsens weißem Marmor gefunden, sondern eine Etage tiefer, in der Fürstengruft von Sankt Michael.

Dort, am Ende der Treppe, sitzt Margarethe Hügel, eine freundliche Dame, die den Besuchern das Eintrittsgeld abknöpft und via Bildschirm darüber wacht, dass in der Krypta kein Unfug passiert. Nicht vergessen ist der peinliche Vorfall, der sich am 10. Mai 2000 zutrug und der zur Folge hatte, dass der Sarkophag Ludwigs II. jetzt von einem Metallzaun umsäumt ist. Damals hatten die »Guglmänner«, die der Glaube vereint, der König sei hinterrücks erschossen worden, ein Wägelchen samt Fotoapparat unter den Sarkophag geschoben, um die Bodenplatte abzulichten. Das Loch, das sie fotografierten, gilt den Königstreuen seither als Beweis für die These, der Leichnam des Monarchen sei beseitigt worden, um den Mord zu vertuschen.

»Unsinn«, sagt Claus-Paul Haller, wobei er lacht wie einer, der gerade einen guten Witz gehört hat. Der Mann ist insofern eine Kapazität, als er den Beruf des Metallrestaurators ausübt und den Ludwig-Sarkophag von oben bis unten inspiziert hat. Und was hat er gesehen? Ein Loch im Boden. Also doch: Verschwörung, Verrat. Aber damit braucht man Haller nicht zu kommen. Vielmehr nutzt er das Lochmysterium zu einem Exkurs über den Verfall des menschlichen Körpers. Tote verwesen, das gilt auch für den Hochadel, und doch ist von Verwesungsgeruch in einer Gruft nichts zu bemerken. Warum? Weil, erklärt

Haller, der Tote auf eine dicke Schicht Kalk gebettet wird. Der Kalk nimmt die Körperflüssigkeit auf, so dass die Leiche austrocknet und mumifiziert wird. Was Ludwig II. betrifft, muss man bei allem Respekt feststellen, dass er am Ende ein sehr korpulenter Herr war. Deshalb »hat der Kalk nicht ausgereicht, das gesamte Leichenwasser aufzunehmen«. Es sickerte durch den hölzernen Innensarg auf das Zinn, wo es eine chemische Reaktion auslöste, die ein Loch in die Bodenplatte fraß.

Apropos Verwesung: Da fällt dem Experten Haller noch eine nette Geschichte ein. Er hatte mal ein blaublütiges Paar in Neuburg an der Donau, das lag seit dreihundertsechzig Jahren in Sarkophagen. Der Mann war schlank und hatte die Jahrhunderte im Sarg weitgehend unversehrt überstanden, wohingegen seine etwas üppigere Gattin … Genug, Herr Haller, wir haben's kapiert! Um das alles zu verkraften, lassen wir Ludwigs Sarg – ob mit oder ohne König – fürs Erste links liegen.

Vier Säulen, die das Gewölbe tragen, gedämpftes Licht, Grabeskälte. Der Mittelgang führt vorbei an den Sarkophagen von Klemens August, Herzog von Zweibrücken, der nicht mal ein Jahr alt geworden ist, von Kurfürstin Elisabeth Auguste (1721–1794), von Prinzessin Maria de la Paz (1862–1946), von König Otto (1848–1916), dem schwermütigen Bruder Lu1dwigs II., und anderen. An der Rückwand liegen sie nebeneinander: Auguste Amalie und Eugène. Was aber haben die beiden Gefäße zu bedeuten, die hinter den Särgen stehen? Der Romantiker in uns antwortet: Darin geborgen sind die Herzen des liebenden Paars. Doch von wegen. Es handelt sich um Viscera-Urnen, und das bedeutet: In den Behältern liegen die Eingeweide der Toten, eingelegt in Spiritus. Die Herzen sind nicht darunter, obwohl die Präparatoren auch sie entfernt haben. Wo aber sind sie dann? Von den Wittelsbachern ist bekannt, dass sie einst die Herzen ihrer Besten in silbernen Urnen in der Gnadenkapelle von Altötting beisetzen ließen. Letztmals geschah dies 1954 bei Prinzessin Antonie, der Frau des Kronprinzen Rupprecht (1869–1955). Rupprecht selbst hat mit der Tradition gebrochen. Doch bei den Leuchtenbergs ist alles anders.

Um auf ihren Spuren zu bleiben, muss man Frau Hügel einschalten, die über den Schlüssel fürs Columbarium verfügt. Früher war hier die Gruft des Jesuitenkollegiums, und wer heutzutage Einlass begehrt, möchte in der Regel die letzte Ruhestätte der Habsburger-Prinzessin Gisela (1856–1932) besuchen. Die Prinzessin, Tochter des Kaisers Franz Joseph und seiner Gemahlin Elisabeth, hat die so genannte Gisela-Versicherung gegründet, die Vorsorge trifft für die Aussteuer junger Damen. Uns aber zieht es zu den Urnen, in denen die Herzen der Leuchtenbergs ruhen. Ein Goldpokal für Auguste Amalie, ein güldenes Gefäß, das zwei Engel tragen, für Eugène – ja doch, das ist Kitsch. Und trotzdem: In der sentimentalen Inszenierung äußert sich so etwas wie das Aufbegehren gegen die Macht des Todes. Es ist, als habe man dem Leben einen letzten Triumph gönnen wollen: Schau her Tod! Die Herzen der beiden. Sie bleiben zusammen.

Pardon, da hat uns das Gefühl übermannt. Deshalb zurück zu Ludwig II., neben dessen Prunksarkophag die bescheidenen Särge des Stifterpaares der Kirche, Herzog Wilhelm V. (1548–1626) und Renata von Lothringen (1544–1602), nahezu verschwinden. Der Ludwig-Sarg ist das Neuschwanstein des Gruftwesens. Dorthin zieht es Ludwig-all-inclusive-Touristen, die sich nach dem Besuch der Königsschlösser noch ein wohliges Erschauern am Grab des crazy king erhoffen. Für die Königstreuen wiederum ist der Sarkophag nicht nur eine Quelle des Misstrauens, sondern vor allem eine Wallfahrtsstätte. »Viele bringen Blumen mit«, sagt Margarethe Hügel. Und manchmal fragen die Leute, wo Ludwigs Eltern liegen.

Wer deren Grab besuchen will, muss sich in die Theatinerkirche bequemen. Anders als in Wien, wo zwölf Kaiser sowie neunzehn Kaiserinnen und Königinnen wohlsortiert in der Kapuzinergruft liegen, ist in München die herrschaftliche Bestattungsgeografie unübersichtlich. Zwar gab es Ende des 16. Jahrhunderts Pläne für ein Wittelsbacher-Mausoleum in Sankt Michael, doch über den Entwurf und einige sakrale Kunstwerke ist Chefarchitekt Wilhelm Sustris nicht hinausgekommen. Somit darf sich die einstige Wittelsbacher-Residenz rühmen, über drei Fürstengrüfte zu verfügen: Liebfrauendom, Sankt Michael, Theatinerkirche. Nicht mitgerechnet das Grab Ludwigs I. in der Basilika Sankt Bonifaz. In jüngster Zeit war es vorzugsweise der Friedhof des Klosters Andechs, auf dem die Wittelsbacher ihre Toten bestatteten.

Die Gruft der Theatinerkirche ist ein verwirrendes Gebilde aus mehreren Kammern. Ein kleiner Sarg sticht ins Auge, auf dem steht: »Totgeborener Prinz«. Es ist der Sohn König Max I. und seiner Frau Karoline. 1799 ist er leblos auf die Welt gekommen. Die Welt! Hier unten scheint sie unendlich fern zu sein. Das Gefühl, das sich einstellt, ist ein anderes als auf einem Friedhof. Dort, im Freien, singen Vögel, dort gibt es Laub und Blüten, dort wächst aus alten Gräbern ein Baum. Der Tod ist gegenwärtig, aber eben auch das Leben. In der Gruft ist nur der Tod. Tote Mauern, schwarze Särge, kein Sonnenstrahl. Und doch wäre es falsch, von gespenstisch zu reden; man erwartet hier keinen Spuk. Was einen befällt, ist die Gewissheit der Vergänglichkeit. Keiner kann bleiben. Man sehnt sich nach der Fülle des Lebens und fühlt bloß die Leere, während man durch die Reihen geht: Max I. Joseph (1756–1825), der erste bayerische König; Karl VII. Albrecht (1697–1745), der glücklose Kaiser; Otto (1815–1867), König von Griechenland; der »Blaue Kurfürst« Max Emanuel (1662–1726), der nach der Niederlage gegen die Österreicher bei Höchstädt ins Exil floh, sein Volk im Elend zurücklassend. Am Heiligen Abend 1705 erhob sich die Landbevölkerung gegen die Besatzungstruppen und wurde am Sendlinger Berg gnadenlos niedergemetzelt.

Wenigstens muss man zur Ehre Max Emanuels hinzufügen, dass es ohne ihn die Theatinerkirche nicht geben würde. Es war seine Geburt, die die Eltern, Kurfürst Ferdinand Maria und Henriette Adelaide, veranlasst hat, den Bau in Auftrag zu geben. Damit erfüllten sie ein Gelübde, mit dem sie höhere Mächte in die Pflicht genommen hatten, den ersehnten Thronfolger zu senden. Das Stifterpaar liegt in schlichten Zinnsarkophagen in einem Gewölbe, dessen Stirnseite ein mit goldenem Zierrat und kurfürstlichen Insignien bestücktes bayerisches Wappen schmückt. Zwischen den beiden steht der Sarg der Kurfürstin Therese Kunigunde (1676–1730), Tochter des polnischen Königs Johann III. Sobieski. Auf dem Fußende grinst ein Totenkopf wie von einer Piratenflagge, siegessicher und triumphierend, als wollte er sagen: »Am Ende krieg ich euch alle.«

Die Bescheidenheit des Sarges steht im augenfälligen Gegensatz zum exquisiten Lebensstil, der Henriette Adelaide nachgesagt wird. Sie, die Prinzessin aus Savoyen und Cousine Ludwigs XIV., arrangierte ausschweifende Feste, und sie ließ es sich gerne gefallen, dass der erlauchte Gatte ihr ein Landhaus verehrte, auf dem bald ein würfelförmiges Schloss in italienischem Stil entstand. »Nymphenburg« taufte sie es. Ob Ferdinand Maria über derlei Galanterien hinaus ein guter Politiker war, ist umstritten. Hans Rall, einst Wittelsbacher Hausarchivar, beschreibt ihn als Realisten voller »Entschlusskraft und Treffsicherheit«; für den Sachbuchautor Eberhard Straub ist Ferdinand Maria hingegen ein begriffsstutziger Schwachkopf, den nur seine Frau vor größeren Dummheiten bewahrt hat: »Henriette Adelaide ist die erste unverhohlen politisierende Fürstin in der bayerischen Geschichte.« Vielleicht deshalb brachte der Hof allerlei Tratsch in Umlauf, der im Gerücht gipfelte, ihre Kinder stammten vom Leibarzt.

Wo aber liegen die Eltern Ludwigs II.? Wo sind König Max II. (1811–1864) und Königin Marie (1825–1889)? Man findet sie nicht in der Gruft. Ihre Marmorsarkophage stehen oben in einer Seitenkapelle der Kirche, deren barocke Schnörkel das pralle Leben feiern, und sei es das diesseitige. Dagegen ist die Frauenkirche ein Ort der Ernüchterung. Hatte nicht Heinrich Heine ihre »stiefelknechtliche Gestalt« moniert? Ja, hat er. In puncto Fürstengrüfte aber ist hier der Ursprung. Schon vor dem Bau des Doms, der im April 1494 eingeweiht wurde, diente die Vorgängerkirche als Grablege der frühen Herrscher des Hauses Wittelsbach. Als der Frauendom fertig war, ließ Herzog Sigmund (1439–1509) die Gebeine der Vorfahren in der neuen Gruft bestatten.

Was davon bis ins 20. Jahrhundert geblieben ist, hat der Krieg vernichtet. Die Krypta, die Ende der vierziger Jahre gebaut wurde, ist ein schlichter rechteckiger Raum mit Ziegelwänden. Beiderseits des Eingangs sind die Grabnischen der Wittelsbacher, versiegelt mit Steinplatten. Ludwig III. (1845-1921) ruht hier, der letzte bayerische König. Am 7. November 1918 hatte Kurt Eisner die Wittelsbacher Dynastie für abgesetzt erklärt, woraufhin Ludwig flüchtete und nicht wiederkehrte. Ende einer mehr als siebenhundert Jahre dauernden Herrschaft. An deren frühe Blüte erinnert die Inschrift auf der Grabplatte rechts vom Eingang, die mit den Worten beginnt: »Hier liegen in einem Sarg vereint«. Was folgt, sind die Namen diverser Herzöge und Herzoginnen, ganz oben aber prangt der Name Kaiser Ludwigs IV. (1283–1347). Seinem Andenken ist ein pompöses Kenotaph gewidmet, das nahe dem Haupteingang der Frauenkirche steht. Dass man im Dom so viel Aufhebens um einen Kaiser macht, über den der Papst den Kirchenbann verhängt hat, zeugt von der Unergründlichkeit der römischen Kirche.

Dass die katholische Großzügigkeit auch Grenzen hat, und zwar dort, wo die Lutherischen ins Spiel kommen, zeigt das Beispiel König Ludwig I.

Dessen Grabstätte befindet sich in der Basilika des Klosters Sankt Bonifaz. Das Arrangement, das man dort vorfindet, ist einerseits in Ordnung, weil Ludwig in einem gewaltigen, fraglos königlichen Marmorsarkophag dem Jüngsten Gericht entgegendämmert. Andererseits fragt man sich, warum die Königin, anstatt an der Seite ihres Gatten zu ruhen, quer zu ihm in die Wand gemauert ist.

Therese Charlotte Luise von Sachsen-Hildburghausen (1792–1854) und Ludwig I. (1786–1868): Vierundvierzig Jahre waren sie ein Paar, was den König aber nicht davon abhielt, als Einundsechzigjähriger eine Affäre mit der Pseudospanierin Lola Montez zu beginnen. Auffällig an der Grabstätte ist ein mit Kupferblech verkleideter Holzdeckel, der im Boden eingelassen ist. Unter ihm führt eine Wendeltreppe in die Gruft, um nicht zu sagen: in ein Verließ. Dort lag Therese bis zum Herbst 2002. Heute ist der Sarg leer.

Es ist eine bizarre Geschichte: Therese war Protestantin, und deshalb durfte sie nicht mal als Tote über die Schwelle eines katholischen Gotteshauses gelangen. Ludwig, der das von ihm gegründete Benediktinerkloster als Begräbnisplatz für sich und seine Frau auserkoren hatte, war über die Prinzipientreue der »wortbrüchigen, undankbaren Pfaffen« so aufgebracht, dass er daran dachte, eine eigene Grabkapelle zu bauen. Sein Baumeister Leo von Klenze schrieb: »Mit Mühe konnte ich ihm begreiflich machen, dass dieselbe Schwierigkeit in jedem katholisch eingeweihten Raume sich wiederholen würde.« Die Angelegenheit ging bis nach Rom, was zu einer Lösung führte, die so umständlich wie schlitzohrig ist: Therese wurde in einer Gruft unterhalb der Kirche bestattet. Vor der

Überführung hatte man ein Loch ins Mauerwerk geschlagen, um den protestantischen Leichnam nicht durch das katholische Gotteshaus tragen zu müssen. Ludwig war erst einverstanden, als man ihm mitteilte, dass er ein Stockwerk höher, in der Kirche, liegen würde, direkt über seiner Gemahlin. »Das ist grade die passliche Lage für Mann und Frau«, jubelte er.

Herzog Franz, der Chef des Hauses Wittelsbach, hat dem unwürdigen Zustand ein Ende bereitet. Weil es an Platz für ein Nebeneinander mangelte, liegen die beiden quer zueinander. Ob das die passliche Lage für Mann und Frau ist, sei dahingestellt.

Erfolg im Zeichen der Niere

Die Historie des BMW-Konzerns vom Flugmotorenbau bis zur Formel 1

Das Werk schläft nie. Auch nicht zur späten Abendstunde. Und nicht einmal nach Mitternacht, wenn Gerhard Limmer auf dem Heimweg ist, eineinhalb Stunden im Bus nach Altötting, abgekämpft von den Mühen der Spätschicht. Währenddessen machen sich Werner Wittmann und seine Kollegen daran, die komplizierte Hightech-Anlage der Lackiererei für den nächsten Tag herzurichten. Reibungslos muss die Maschinerie funktionieren: die Vorrichtung, die die Karosserie zur Grundierung in ein Wasser-Lack-Gemisch taucht; die Roboter, die am Unterboden eine PVC-Schicht auftragen; die Spritzdüsen, die elektrisch aufgeladene und feinst zerstäubte Lacke versprühen; die Filter, die Luftduschen – wenn nur einer der Apparate den Dienst versagt, droht die Produktion ins Stocken zu geraten. Das, versteht sich, darf nicht sein. Das kostet Geld, jede Minute ist kostbar.

Rund achthundertsechzig BMW der 3er Reihe laufen täglich in München vom Band. Und am Ende des Bandes stehen Spezialisten wie Gerhard Limmer. Am folgenden Tag wird der Mann aus Altötting wieder in München sein, wird die glänzenden Limousinen, die gerade aus der Montage kommen, auf den Spurstand schieben, wird die Spur einstellen, die Lenkung justieren, wird dann das erste Mal den Motor starten, ein sattes, PS-strotzendes Brummen, wird den Gang einlegen und auf den Rollenprüfstand fahren. Auf hundertfünfzig Sachen jagt Limmer dort den Motor hoch, das Auto absolviert ein letztes, elektronisch gesteuertes Testprogramm. Geht alles glatt, ist es reif für die Auslieferung – das Werk entlässt eines seiner Kinder.

BMW. Englisch ausgesprochen: bi-em-dabblju – ein magischer Klang in den Ohren von Menschen, die ein emotional aufgeladenes, um nicht zu sagen: erotisches Verhältnis zum Automobil haben. Zweihundertzwanzigtausend Mitglieder zählen die offiziellen BMW-Clubs weltweit, allein hundertfünfzigtausend sind es in den USA. Jörg-Dieter Hübner, Sprecher der BMW-Abteilung »Mobile Tradition«, gerät ins Schwärmen, wenn er über die jährliche Homecoming-Party erzählt, zu der sich die US-amerikanischen BMW-Enthusiasten vor dem Werksgebäude in Spartanburg, South Carolina, treffen. In Spartanburg, seit 1994 BMW-Standort, fertigen viertausendsiebenhundert Mitarbeiter den BMW X 5 und den Roadster Z 4. »Driving pleasure«, so Hübner, verkörpern die Modelle für die Amerikaner. »Die Leute dort haben das weißblaue Zeichen im Auge.« Das haben offenbar auch diejenigen, für die BMW nur der Lohnherr ist, der unerbittliche Betrieb, der einem Schichtdienst und anstrengende Arbeit abverlangt. Werner Wittmann von der Lackiererei sagt: »Es ist einfacher, sich mit einem schicken, tollen Produkt zu identifizieren als mit einer Bratpfanne.«

Aber auch kühle Rechner, denen ABS-Systeme und variable Nockenwellensteuerung egal sind, solange die Bilanzen stimmen, betrachten die

Aktivitäten des Münchner Unternehmens mit Wohlwollen. Mögen andere Firmen rote Zahlen schreiben und die Krise beklagen, bei BMW läuft der Laden wie geschmiert. Längst ist das Unternehmen das, was im flotten Business-Jargon »Global Player« heißt. In fünfzehn Ländern auf vier Kontinenten stehen Fabriken, in denen Fahrzeuge mit dem weißblauen Firmenlogo hergestellt werden. Aber die Fäden laufen in München zusammen, auch wenn die Fabrikationsstätte im Stadtteil Milbertshofen mit elftausend Mitarbeitern weitaus kleiner ist als das Werk Dingolfing, in dem dreiundzwanzigtausend Beschäftigte die Fahrzeuge der 5er und der 7er Baureihen produzieren. Wie ein Zeichen des Triumphs reckt sich der hundertundein Meter hohe, vierzylindrige BMW-Turm in den Münchner Himmel, konzipiert vom Wiener Architekten Karl Schwanzer Anfang der siebziger Jahre. Wer von oben auf das fünfhunderttausend Quadratmeter große Gelände herabschaut, sieht ein dicht gedrängtes Ensemble von Werkhallen, die wie Schiffe im Hafen liegen. Neben Automobilen werden hier Sechs-, Acht- und Zwölfzylindermotoren sowie Hochleistungsmotoren unter anderem für die Formel 1 hergestellt. Platz zur Erweiterung gibt es nicht mehr. Einst auf freiem Feld, ist das BMW-Stammwerk längst von der Stadt umwuchert. Egal, man hält die Stellung. »BMW war immer in München, ist in München, und wird in München bleiben«, sagt Pressesprecher Michael Blabst.

Wer Näheres zur Geschichte des Unternehmens hören will, muss die Schleißheimer Straße weiter stadtauswärts fahren, bis zum Gebäude der »Mobilen Tradition«, in dem Jörg-Dieter Hübner residiert. Die »Mobile Tradition« ist sozusagen das Gedächtnis des Unternehmens, ein Archiv, das historische Dokumente sammelt und natürlich auch Fahrzeuge und Motoren. Fünfhundert Automobile und zweihundert Motorräder stehen hier, und wenn Hübner durch die Reihen geht, vorbei am kastenförmigen Modell 3/15 aus dem Jahr 1929, dem ersten BMW überhaupt, vorbei am kühn geschwungenen »Barockengel«, mit dem die Funkstreife Isar 12 durch München rauschte, vorbei an der Isetta, der Christbaumkugel unter den Autos (»Macht hoch die Tür ...«), oder dem Roadster 507 von 1956, einer Kreation des Designers Albrecht Graf Goertz, die Autonarren in Ekstase versetzen kann ... wenn Hübner all diesen automobilen Devotionalien seine Reverenz erweist, dann streichelt er da und dort mit der Hand über den polierten Lack, als wäre er ein Gestütsbesitzer, der seinen besten Hengst tätschelt. Spätestens in diesem Moment ist klar: Hier geht es nicht einfach um ein Fortbewegungsmittel, um die moderne Erscheinungsform des Ochsenkarrens. Hier geht es um mehr: um einen Mythos, um Ikonen des technischen Zeitalters.

Am Anfang aber stand eine andere Menschheitshoffnung, der Traum vom Fliegen. Am 28. Oktober 1913 gründen Karl Rapp und Julius Au-spitzer am Rande des Flughafens auf dem Oberwiesenfeld – dem heutigen Olympiagelände – die »Karl Rapp Motorenwerke GmbH«, die sich mit mäßigem Erfolg dem Flugmotorenbau widmet. Im Frühjahr 1916 schließen sich die Rapp-Werke mit der »Gustav Otto Flugmaschinenfabrik« zur »Bayerischen Flugzeugwerke AG« (BFW) zusammen. Das betreffende Datum, der 7. März, gilt als Gründungstag von BMW. Den heute geläufigen Namen erhält das Unternehmen im Juni 1917: Bayerische Motoren Werke. An die aeronautischen Ursprünge des Unternehmens erinnert der stilisierte Propeller im weißblauen BMW-Emblem.

Der Erste Weltkrieg ernährt die junge Firma erst einmal prächtig, doch nach der Niederlage der Mittelmächte 1918 und dem Versailler Vertrag, der Deutschland den Bau von Flugmotoren verbietet, geht es rasch wieder abwärts. Das Unternehmen reagiert prompt und erschließt ein neues Geschäftsfeld: Motorräder. Diplomingenieur Max Friz konstruiert 1923 das erste BMW-Motorrad, das Modell R 32. »Das war eine technische Revolution«, sagt Hübner. Friz baut den Boxermotor zur besseren Luftkühlung quer in einen Doppelrohrrahmen ein, die Kraft wird über eine Kardanwelle direkt aufs Rad übertragen – ein Konstruktionsprinzip, dem BMW-Motorräder noch heute folgen. Es ist die Basis für die sportlichen Erfolge, die BMW bald einfährt. Mit dem Sportmodell R 37 gewinnen Franz Bieber (1924) und Rudolf Reich (1925) die ersten deutschen Meisterschaften in der 500-ccm-Klasse für BMW.

Wenig später beginnt die Rekordjagd von Ernst Jakob Henne. Am Morgen des 19. September 1929, auf einer Landstraße zwischen München und Ingolstadt, rast Henne auf einer 750er-BMW über die Piste und stellt einen Geschwindigkeitsweltrekord auf: 216,75 Stundenkilometer. Es ist der Auftakt zu einem Fernduell mit englischen und italienischen Fahrern, und am Ende der wilden Jagd erreicht Henne Tempo zweihundertachtzig – ein Rekord, der knapp vierzehn Jahre Bestand haben soll.

Tempo, Mobilität, schneller sein als andere, die Nase vorn haben – fraglos gehört das zum Image, das BMW bis heute sorgsam pflegt. Es sind dieselben Kriterien, die zur Karriere im gegenwärtigen Turbokapitalismus prädestinieren. Wer im Rolls Royce, der im Übrigen unter BMW-Regie produziert wird, dahintuckert, mag Luxus und Stil verkörpern – Dynamik und Sportlichkeit jedoch nicht. Um den erfolgreichen Jungmanager vorzustellen, steigt man schon besser in einen BMW. Hat ja selbst James Bond getan, das Musterbild des charmanten, unbesiegbaren Helden. Und doch, es war ein weiter Weg bis zum schnittigen BMW Z 3, in dem der Agent 007 über das Böse triumphiert. Tja, jetzt muss es heraus: Dieser Weg begann nicht in München.

Am 22. März 1929 verlässt ein Kleinwagen eine Berliner Werkhalle, dessen Äußeres an das berühmte Ford-T-Modell erinnert. Es ist der BMW Typ 3/15 PS DA 2, das erste BMW-Auto überhaupt. Und es ist noch nicht mal so, dass die Münchner Ingenieure das Fahrzeug selbst entwickelt hätten. Vielmehr handelt es sich um den »Dixi« der Fahrzeugfabrik Eisenach, die während der Wirtschaftskrise in Schwierigkeiten geraten war und von BMW übernommen wurde. Fünfzehn PS hat die Kutsche, sie fährt fünfundsiebzig Stundenkilometer und kostet zweitausendfünfhundert Reichsmark. Bald läuft die Produktion in Eisenach unter dem BMW-Kommando weiter.

Der erste »richtige« BMW aber, einer mit der charakteristischen »Niere« als Kühlergrill, ist der 303. Mit ihm beginnt die Serie der Sechszylinder, für deren Erwerb man schon zu den Besserverdienenden zählen muss. Diverse Sportmodelle und flotte Limousinen kommen auf den Markt, bis Hitlers Krieg das Land in die Katastrophe stürzt. BMW baut, unter anderem in München und Berlin, Motoren für Kampfflugzeuge; auch Raketenantriebe entwickeln die Ingenieure. Für die Motorenproduktion setzte BMW weit mehr als zehntausend Zwangsarbeiter ein, vor allem Kriegsgefangene und KZ-Häftlinge. Sie waren unter erbärmlichsten Bedingungen in einem Außenlager des KZs Dachau zusammengepfercht, viele wurden am Arbeitsplatz zu Tode geschunden oder von den Wachmannschaften ermordet. Gegen Ende des Krieges zerstören Bomber das Münchner Werk fast vollständig. Was übrig bleibt, lässt die US-Militärregierung demontieren. Das Werk in Eisenach, das sich in der sowjetischen Besatzungszone befindet, baut weiter BMW-Fahrzeuge, die eine Zeit lang auch in den Westen exportiert werden. Nach der Verstaatlichung wird dort der »Wartburg« gebaut.

In München beginnen 1946 ein paar hundert Angestellte wieder mit der Produktion. Kochtöpfe und Fahrräder prägen die Produktpalette, Motorfahrzeuge sind vorerst nicht erlaubt. Es dauert zwei Jahre, bis das erste neue Motorrad, die R 24, in Serie geht. Der Neubeginn auf dem Autosektor verläuft spektakulär: Auf der Internationalen Automobil Ausstellung in Frankfurt stellt BMW einen Prototyp des Modells 501 vor – Barockengel heißt das pausbackige Fahrzeug bald. Aber ein gutes Geschäft ist mit dem dicken Brummer, der ungeheure fünfzehntausend Mark kostet, ebenso wenig zu machen wie mit der Isetta, der man ansieht, dass sie das Lizenzprodukt einer Mailänder Firma ist, die auch Kühlschränke herstellt. BMW schreibt immer höhere Verluste, und 1959 scheint die Firma am Ende zu sein.

Die Geier warten schon. Daimler-Benz greift nach dem Konkurrenten aus München. So wie es aussieht, wird BMW zum Zulieferbetrieb degradiert. Während einer dramatischen Aktionärsversammlung macht der Rechtsanwalt Friedrich Mathern auf einen Bilanzierungsfehler aufmerksam, woraufhin die entscheidende Abstimmung vertagt wird. Die misstrauischen Kleinaktionäre haben erst mal Zeit gewonnen. Wer aber vor allem die Zeit nutzt, ist der Industrielle Herbert Quandt. Er steigt bei BMW im großen Stil ein. Quandts Sanierungskonzept greift, der BMW 1500, der 1961 herauskommt, wird ein Erfolg. Schon Mitte der sechziger Jahre können es sich die Münchner leisten, den Dingolfinger Konkurrenten Glas zu übernehmen. Es geht aufwärts. BMW etabliert sich in der Premium-Klasse.

Eine merkwürdig krumme Story ist die Geschichte von BMW. So, als hätte sie ein schwach talentierter Autor geschrieben, der nicht imstande war, einen roten Faden zu knüpfen und so etwas wie Stringenz in die Sache zu bringen. Mal setzt man auf Flugmotoren, mal auf Motorräder, dann auf Kleinwagen oder Luxuskarossen. Keine Spur von der großen Vision einer patriarchalischen Unternehmergestalt, kein Gründervater wie Henry Ford oder Alfred Krupp, der kompromisslos die Richtung vorgibt. Stattdessen Improvisation und schnelles Reagieren auf die äußeren Umstände. Aber vielleicht ist es gerade das, was den Erfolg des Unternehmens ausmacht: die Bereitschaft, Althergebrachtes über den Haufen zu werfen, sobald es nichts mehr einbringt. »Unser Leitbild ist:

Veränderungen als Chance zu sehen, nicht als Gefahr.« Manfred Theunert sagt das. Der Mann ist Ausbildungsleiter am Standort München. Er kann aus dem Vollen schöpfen. Für zweihundertfünfzig Ausbildungsplätze, die jährlich frei werden, bewerben sich dreitausendfünfhundert junge Leute. Zudem unterhält BMW eine so genannte Juniorfirma, in der Auszubildende unternehmerisches Denken und Handeln lernen sollen. Die Minifirma stellt Accessoires her und bietet Dienstleistungen an – Unternehmertum für Anfänger. »Wir wollen die besten Mitarbeiter, die besten Azubis«, sagt Theunert.

Die Besten, die Schnellsten, die Modernsten – man liebt den Superlativ bei BMW. Das zumindest war schon immer so. Kaum hatten die Münchner mit dem Motorradbau begonnen, da waren sie bereits auf Trophäen- und Rekordjagd. Und mit Kleinwagen wie dem Dixi oder der Isetta wollte man sich auch nicht lange aufhalten, nein wirklich, man möchte schon höher hinaus. »BMW stand schon immer für technischen Fortschritt und Innovationsführerschaft«, schreibt Vorstandsmitglied Norbert Reithofer in einer BMW-Pressebroschüre.

Das »Zentralgehirn« (so Pressesprecher Jochen Müller) der BMW-Technologie befindet sich nahe dem Stammwerk in einem wabenartig angelegten, silbergrauen Gebäudekomplex, auf dessen Vorplatz sich junges Volk in modischen Klamotten tummelt und das Fluidum eines Universitäts-Campus verbreitet. Rund siebentausend Ingenieure, Modellbauer, Computerfachleute und Wissenschaftler arbeiten hier, im »Forschungs- und Innovationszentrum« (FIZ), an der schönen neuen

Welt der Mobilität. »Was in Serie geht, wird im FIZ entwickelt«, sagt Jochen Müller. Auch hier: Tempo, Beschleunigung. Sechzig Monate hat vor wenigen Jahren noch die Entwicklung eines neuen Modells gedauert. Heute schafft man es in der halben Zeit.

Ein paar Straßenzüge weiter, in der Hanauer Straße, ist die Wirkungsstätte des Diplomingenieurs Richard Bogenberger. »Forschung und Technik« lautet der unspektakuläre Name des Projekts, in dessen Rahmen etwa zweihundert Spezialisten Daniel Düsentrieb spielen. Das heißt: Losgelöst von der aktuellen Produktpalette entwickeln sie Ideen, die in glücklichen Fällen das Auto der Zukunft bereichern. Beispiel gefällig? Bogenberger führt einen kleinen Film vor, der den Titel tragen könnte: »Car Talk – wenn sich Autos unterhalten«. Zu sehen ist ein BMW, der über eine Landstraße rollt und in ein Gewitter gerät. Und was macht er? Sendet selbständig über ein »Adhoc-Netz« eine Warnung an nachfolgende Wagen: Vorsicht, Aquaplaning! Zuvor hat das Computersystem des BMW allerlei Daten analysiert, etwa Lufttemperatur, Scheibenwischertätigkeit, Aktivitäten des Antiblockiersystems, und daraus auf regennasse, schlüpfrige Straßen geschlossen. Ja, so etwas werden Autos in Zukunft können. Sie werden in der Lage sein, über alles Mögliche zu reden: über Staus, Unfälle, Glatteis oder Öl auf der Fahrbahn.

Während Bogenberger den Film vorführt, drängt sich eine Vision auf. Was wäre, wenn diese Autos eine eigenständige Intelligenz entwickelten? Wenn sie miteinander sprächen wie Menschen? Hallo, würden sie dem Vorbeifahrenden sagen, mein Fahrer schläft wieder mal ein am Steuer. Ach Gott, seufzt der andere, und meiner kriegt den Fuß nicht vom Gas. Was läge näher, als ganz auf den Menschen zu verzichten. Blitzgescheite Autos rollten unbemannt durch die Landschaft, aus reiner Freude am Fahren. Die schaffen auch das, bei BMW.

Nachsatz

Die für diesen Band überarbeiteten Texte sind in ihrer ursprünglichen Form in der *Süddeutschen Zeitung* erschienen.

Der Himmel der Trinker und Denker (*SZ* vom 23.2.04); Ein Knopfdruck, und die Ritter kämpfen (*SZ* vom 28.12.98); Die Herren des Rausches (*SZ* vom 20.9.02); Die wilden Triebe der Natur (*SZ* vom 27./28.4.02); Die Dreiquarteloper (*SZ* vom 19./20./21.4.03); Der Mann aus dem Unterholz (*SZ* vom 27./28.12.03); Am Rio Grande von Thalkirchen (*SZ* vom 14./15.8.03); Der Duft der Großen Ferien (*SZ* vom 25./26.8.01); Wo München am Ende ist (*SZ* vom 1./2.7.00); Vierspänner in die Vergangenheit (*SZ* vom 7.11.02); Der Takt der Tradition (*SZ* vom 3.12.04); Das Paradies ist eine endlose Theke (*SZ* vom 30.6./1.7.01); Anna und die Schweine (*SZ* vom 31.1.04); Erfinder einer Ausstellung (*SZ* vom 5.5.03); Supermann trifft Puffmutter (*SZ* vom 2.3.00); Für immer blau (Das Streiflicht; *SZ* vom 23.4.03); Herrschaftliche Unterwelt (*SZ* vom 24.3.05); Erfolg im Zeichen der Niere (*SZ* vom 12.6.04).